LOW FAT 30

WEIHNACHTEN

Gabi Schierz · Gabi Vallenthin

Low Fat 30

Weihnachten

FALKEN

Inhalt

Einleitung

Rezepte

Anhang

Die LOW FETT 30-Idee

Die Weihnachtsküche genießen mit LOW FETT 30

Selbst gebackene Leckereien gehören zur Advents- und Weihnachtszeit wie Bastelarbeiten, geschmückte Tische, der Nikolaus und der Weihnachtsbaum. Der Duft von „Honig, Nuss und Mandelkern" und von fremdartigen Gewürzen stimmt überall dort, wo Plätzchenbäcker am Werk sind, auf das schönste Fest des Jahres ein.

Doch meist denkt man mit Schrecken an die Pfunde, die das schöne Weihnachtsfest auf den Hüften zurücklässt. Viele verkneifen sich Plätzchen und Gebäck daher von vornherein. Zurück bleibt ein bisschen Frust. Das muss nicht sein! Wer sich nach der LOW FETT 30-Idee ernährt, darf Plätzchen, Printen, Lebkuchen, Stollen und andere weihnachtliche Köstlichkeiten genießen. Man muss nur wissen welche.

Sie werden von der Vielfalt der Rezepte, die wir in diesem Buch zusammengestellt haben, überrascht sein. Neben den beliebten Klassikern der Weihnachtsbäckerei finden Sie auch raffinierte neue Rezepte. Hier können Sie bedenkenlos naschen. In Maßen natürlich! Erleben Sie eine zufriedene Weihnachtszeit ohne böse Überraschungen auf Hüften und Waage. Wie immer sind unsere Rezepte so konzipiert, dass sie leicht nachzubacken und nachzukochen sind.

Die allgemeinen Fettspar-Tipps helfen Ihnen, in der Weihnachtszeit fettarm über den Tag zu kommen.

Was bedeutet LOW FETT 30?

LOW FETT 30 ist ein Ernährungsprogramm und keine Diät im üblichen Sinne. Sie essen weiterhin, was Ihnen schmeckt. Aber Sie essen vor allem fettarm. Sie nehmen nicht mehr als 30% Ihrer Kalorien in Form von Fett zu sich. – Und Sie nehmen langsam aber stetig ab.

Wer LOW FETT 30 lebt, darf essen, soll essen, muss essen! Aber das Richtige und in Maßen.

LOW FETT 30 hilft Ihnen, ohne Kalorienzählen die geeigneten Lebensmittel einfach und schnell auszuwählen. (Am Ende dieses Buches finden Sie hierzu unsere LOW FETT 30-Tabelle).

Das LOW FETT 30-Programm unterstützt Sie außerdem dabei, wieder Spaß an der Bewegung zu finden.

Die deutsche Gesellschaft für Ernährung (DGE) empfiehlt, dass maximal 30% der täglich zugeführten Kalorien aus dem Fett kommen sollen. Wer sich an diese Regel hält, ernährt sich gesund, beugt ernährungsbedingten Krankheiten vor und nimmt ab.

Radikale Diäten oder Hungerkuren nützen nichts. Im Gegenteil: Sie schaden nur! Die anfängliche Gewichtsabnahme basiert größtenteils auf Wasserverlust. Bei längeren Hungerkuren gewöhnt sich der Körper an die permanente Unterversorgung, schaltet den Energieverbrauch auf Sparflamme und zieht alles, was er kriegen kann, aus den wenigen zugeführten Nährstoffen. Das Abnehmen stagniert, Frust kommt auf, die Diät wird beendet.

Schnell ist das verlorene Gewicht wieder da, meist in Begleitung zweier weiterer Kilos. Diesen Vorgang nennt man Jo-Jo-Effekt.

Es geht aber auch anders!

Das LOW FETT 30-Erfolgskonzept

Wer sich nach dem LOW FETT 30- Prinzip ernährt, kann das überall tun. Bei Geschäftsessen, auf Partys, auf Urlaubsreisen. LOW FETT 30 ist eine relativ einfache, aber keineswegs einseitige Ernährungsumstellung.

Die vier Schritte zum Erfolg

1. Solche Nahrungsmittel bevorzugen, die schnell Energie liefern: Kohlenhydrate

2. Solche Nahrungsmittel einschränken, die dick machen: Fett

3. Immer so viel essen, dass der Körper nicht anfängt Energie zu sparen. Achtung! Satt essen, nicht voll fressen und immer nur essen, wenn man Hunger hat.

4. Den Energiebedarf des Körpers durch Bewegung erhöhen.

Regel 1 – Mehr Kohlenhydrate

Brot, Kartoffeln, Nudeln, Reis und Hülsenfrüchte sowie Obst und Gemüse liefern geballte Energie in Form von Kohlenhydraten. Hiervon kann man bedenkenlos essen und zwar so viel man möchte. Kohlenhydrathaltige Lebensmittel machen satt, nicht dick. Sie geben uns Wärme, gute Laune und Power.

Je vollwertiger die Lebensmittel sind, umso höher ist ihr Anteil an Ballaststoffen. Essen Sie also Vollkornbrot statt Weißbrot, Vollkornnudeln statt weißer Nudeln, Vollkornreis statt poliertem Reis. Ballaststoffe füllen den Magen länger und sorgen für eine geregelte Verdauung.

Regel 2 – Weniger Fett

Fett ist der Nährstoff, den der Körper am leichtesten speichern kann. Fettdepots entstehen überwiegend durch die Zufuhr von zu vielen Nahrungsfetten. Egal um welche Gruppe von Lebensmitteln es sich handelt, vom Fertiggericht bis hin zu den Süßigkeiten, gibt es Lebensmittel mit viel und Lebensmittel mit wenig Fett. Es reicht aus, sich ein wenig umzuorientieren.

Fette bestehen aus gesättigten, einfach ungesättigten und mehrfach ungesättigten Fettsäuren. Aus gesundheitlicher Sicht ist es günstig, die drei Fettsäuretypen zu etwa gleichen Teilen aufzunehmen. Leider dominieren in unserer westlichen Ernährung die gesättigten

Fettsäuren. Daher sollten Sie, wo immer es geht, Fette wählen, die reich an einfach und mehrfach ungesättigten Fettsäuren sind. Dazu gehören alle pflanzlichen Öle wie zum Beispiel Distel-, Oliven-, Sonnenblumen- oder Maiskeimöl.

Fette tierischer Herkunft liefern überwiegend gesättigte Fettsäuren, die zu einem hohen Blutfettspiegel beitragen und dadurch Herz-Kreislauf-Erkrankungen begünstigen können. Ausnahmen bestätigen jedoch auch hier die Regel: Fischöl ist reich an günstigen Fettsäuren, Kokosfett dagegen besteht vorwiegend aus ungünstigen, gesättigten Fettsäuren.

Regel 3 – Hungern Sie nicht

Satt essen mit hochwertigen Kohlenhydraten ist angesagt. Die Pfunde schwinden sanft und stetig, die gute Laune steigt. Zählen Sie keine Kalorien, aber halten Sie die LOW FETT 30-Grenze ein: maximal 30% der Kalorien kommen aus dem Fett. Wenn das einzelne Lebensmittel oder Gericht nicht mehr als 30% der Kalorien aus dem Fett hat, können Sie gar nichts falsch machen. Durch fettfreie Zwischenmahlzeiten wie beispielsweise Obst oder Rohkost verbessern Sie sogar Ihre Tagesbilanz.

Regel 4 – Den Energiebedarf des Körpers erhöhen

Bewegen Sie sich insgesamt mehr und dynamischer. Bevorzugen Sie Treppen, meiden Sie Aufzüge. Gehen Sie öfter mal zu Fuß einkaufen, gehen Sie möglichst zügig. Gönnen Sie sich eine gute Portion Bewegung. Am besten dreimal in der Woche Ausdauersport machen – walken, schwimmen oder Rad fahren ... Suchen Sie sich ein gutes Fitnesscenter, im Idealfall eines, dessen Trainer im Rahmen des LOW FETT 30-Programms ausgebildet sind. Für alle, die lieber alleine zu Hause trainieren möchten, gibt es gute Fitnessvideos. Aber generell gilt: Starten Sie wohl überlegt, blinder Eifer schadet nur.

Auch in der kalten Jahreszeit gibt es viele Möglichkeiten, sich mehr zu bewegen. An der frischen Luft lassen sich herrliche Spaziergänge unternehmen, Schneeballschlachten mit den Kindern bringen einen ganz schön ins Schwitzen. Und 30 Minuten Schnee schaufeln verbraucht 190 kcal!

Die Fettformel

Mit der Fettformel können Sie selbst berechnen, ob ein Lebensmittel für Ihre LOW FETT 30-Ernährung geeignet ist oder nicht. Sie benötigen dazu den Gesamtkaloriengehalt und den Fettgehalt in Gramm. Dass 1 g Fett 9 kcal liefert, wissen Sie vielleicht bereits aus unseren Büchern zum Einstieg in das LOW FETT 30-Programm.

Die Fettformel lautet:

$$\frac{\text{g Fett x 9 kcal x 100}}{\text{Gesamtkalorien}} = \text{\% Fettkalorien}$$

Vollmilch hat beispielsweise 68 Kalorien und 3,8 g Fett pro 100 g. Der Fettkaloriengehalt berechnet sich dann wie folgt:

$$\frac{3{,}8 \text{ x } 9 \text{ x } 100}{68} = 50{,}3\,\% \text{ Fettkalorien}$$

Fettarme Milch hat 47 Kalorien und 1,5 g Fett pro 100 g.

$$\frac{1{,}5 \text{ x } 9 \text{ x } 100}{47} = 28{,}7\,\% \text{ Fettkalorien}$$

Das Nahrungsfett

Haben Sie schon einmal darüber nachgedacht, wie viel Fett Sie täglich essen? Gehören auch Sie zu der Gruppe von Personen, die im Durchschnitt mehr als 100 g Fett pro Tag essen? Das ist nämlich der statistische Schnitt in der Bundesrepublik.

Frauen sollten am Tag nicht mehr als 60 g Fett zu sich nehmen, Männer nicht mehr als 80 g. So hält man sein Gewicht. Täglich 10 g Fett über den Bedarf gegessen, sorgt langfristig für 5 kg Gewichtssteigerung.

Umgekehrt gilt ebenso: langfristig abnehmen durch konsequente Fettreduktion. Wer täglich 10 g Fett einspart, nimmt in 2 Monaten 1 kg ab (ohne Sport und sonstige Betätigungen), bei 20 g Fett pro Tag sind es nach 2 Monaten 1,5 kg.

Verhaltensregeln

Sollten Sie nicht abnehmen, obwohl Sie sich ausschließlich mit LOW FETT 30-Produkten und -Gerichten ernähren, dann überprüfen Sie bitte, ob Sie sich an die Grundregeln halten:

1. Essen Sie nur, wenn Sie Hunger haben.
2. Hören Sie auf zu essen, wenn Sie satt sind.
3. Essen Sie generell langsamer.

Mit unseren Tipps zum Backen und Kochen kommen Sie sicher gut über die Weihnachtszeit. Überraschen Sie doch mal Ihre Freunde und Bekannte mit selbst gebackenen LOW FETT 30-Leckereien. Auch sie werden begeistert sein!

Zum Schluss noch ein paar Anregungen für den weihnachtlichen LOW FETT 30-Wunschzettel:

- Dampfgarer
- Wok
- Fettabscheider
- Heimtrainer
- gute Laufschuhe
- Pulsmesser
- Schlittschuhe
- Langlaufski
- Fitnessvideo
- Gutschein für einen Fitnesscenter

LOW FETT 30-Praxistipps

Naschkatzen

Wer gerne Süßigkeiten isst, kann bei Aachener Printen, Lebkuchen ohne Schokoladenüberzug oder Dominosteinen zugreifen. Außerdem sollten Sie immer eine Auswahl von LOW FETT 30-Leckereien im Hause haben, damit der Heißhunger nicht alle guten Vorsätze zerstört. Das können sein: Weihnachtszwieback, Löffelbiskuits, Knäckebrot, Fruchtsorbet, Salzstangen, Obst, Möhren, Paprika und natürlich Gummibärchen.

Fettarme Wurst- und Käsesorten

Durchforsten Sie Ihren Kühlschrank nach Fettfallen und ersetzen Sie diese beim nächsten Einkauf durch fettärmere Varianten. Wer zum Beispiel gerne Wurst isst, sollte sich für magere Sorten entscheiden. Bei Käse empfielt es sich generell, seltener zuzugreifen – dann aber mit Genuss!

Sichtbares Fett einsparen

Sparen Sie bei allen sichtbaren Fetten wie Butter, Margarine und Öl. Halbfettmargarinen haben einen Fettanteil von 40%, weshalb sie sich gut zum Fettsparen eignen. Zum Braten dürfen sie aber nicht verwendet werden.

Bei Ölflaschen sind feine Tröpfchen-Dosierer zu empfehlen.

Brotaufstrich

Bei Weihnachtsfeiern im Restaurant gilt: Das leckere Brot vorneweg ohne Kräuterbutter verzehren.

Ersetzen Sie zu Hause die fettreichen Brotaufstriche durch fettarme Varianten wie Senf, Quark, Tomatenmark oder Paprikamark.

Fleisch spielt die Nebenrolle

Ändern Sie die Mengenverhältnisse auf dem Teller. Fleisch wird zur Beilage, Kartoffeln und Gemüse werden zur Hauptspeise. Darum kann man auch im Restaurant bitten.

Genießen nicht vergessen!

Heißhunger vermeiden, also keine der Zwischenmahlzeiten ausfallen lassen.

Nur das essen, was einem auch wirklich schmeckt.

Genügend Trinken

Trinken Sie viel! Mindestens 2 Liter Mineralwasser am Tag sollten Sie sich zur Pflicht machen. Verzichten Sie möglichst auf Kaffee und schwarzen Tee.

Zubereitung à la LOW FETT 30

- Pommes frites aus dem Backofen sind meist LOW FETT 30. Auf fettsaugendem Spezialpapier gebacken, werden sie noch fettärmer.
- Braten ohne Fett: Garen Sie Fleisch, Fisch oder Geflügel bei mittlerer Hitze in einer antihaftbeschichteten Pfanne.
- Geflügel ohne Haut verzehren: Beim Braten die Haut rundherum mit einer Nadel einstechen, sodass das Fett herauslaufen kann.
- Dämpfen: Garen Sie Gemüse, Geflügel, Fleisch oder Fisch in einem Siebeinsatz oder einem Dämpfkorb aus Edelstahl über heißem Dampf im geschlossenen Topf.
- Dünsten: Garen Sie Gemüse oder Fisch mit sehr wenig Flüssigkeit – Wasser, Wein, Brühe, Saft – im geschlossenen Topf oder in Folie.
- Grillen im Backofen, auf dem Tischgrill oder auf dem „heißen Stein“ bietet sich besonders für Winterabende an.
- Pochieren: Lassen Sie Geflügel, Fleisch oder Fisch in Wasser, Wein oder Brühe gar ziehen.
- Kuchen: Rührkuchen, auch die Backmischungen, können statt mit Fett mit der gleichen Menge Magerjoghurt und zusätzlich 1 Esslöffel Grieß pro 100 g Joghurt zubereitet werden. Ein Biskuitboden ist nahezu fettfrei und kann fantasievoll belegt werden.
- Kartoffelpuffer: im Waffeleisen zubereitete Puffer sind fettarm, schmecken aber genauso knusprig und lecker.
- Eiweiß: Ganz steif geschlagen ist es ein idealer Grundstoff für leichte Desserts und ersetzt durchaus das Sahnehäubchen.
- Saucen können prima mit pürierten Kartoffeln oder Kaffeesahne (hat nur 10 % Fett) gebunden werden. So spart man Sahne oder Crème fraiche.

Vor dem Weihnachtsmenü

Am Tag der großen Einladung oder des Festessens können Sie bereits im Vorfeld jede Menge Fett einsparen. Starten Sie mit einem sehr fettarmen Frühstück, lassen Sie ein ebenso fettarmes Mittagessen und viele kleine Zwischenmahlzeiten aus Obst oder Rohkost folgen. So kommen Sie nicht ausgehungert an den Tisch und können mit Sinn und Verstand Ihr Essen genießen. Gehen Sie dabei zurückhaltend mit Alkohol um. Alkohol regt nämlich den Appetit an und blockiert gleichzeitig den Abbau der Nährstoffe.

Hilfen für die Weihnachtsbäckerei

Backen im Ofen

■ Die in den Rezepten angegebenen **Backtemperaturen und -zeiten** sind Erfahrungswerte und können bei Ihrem Ofen von unseren Werten abweichen.

■ Bei **Umluftöfen** liegen die Temperaturen 20 bis 30 °C unter denen für Öfen mit Ober- und Unterhitze.

■ Der Backofen sollte immer vorgeheizt sein. Das **Vorheizen** dauert etwa 15 Minuten.

Hilfsmittel

■ Verwenden Sie bei allen Rezepten **Backtrennpapier**. Dann bleibt hinterher nichts hängen. Damit das Backpapier auf dem Blech haftet, das ist besonders wichtig, wenn das ganze Blech mit Teig bestrichen wird, kann man es an den Rändern und in der Mitte mit etwas Öl einpinseln und auf diese Weise „festkleben“. Übrigens: Das Papier kann bis zu dreimal verwendet werden.

■ Damit das **Backblech** beim Bestreichen nicht verrutscht, empfiehlt es sich, ein feuchtes Tuch zwischen Arbeitsfläche und Blech zu legen.

■ Das Fett für den Teig sollte weich sein. Das erleichtert die Arbeit mit dem **elektrischen Handrührgerät** ungemein.

Zubereitungtechniken

■ Rollen Sie den Teig auf einer **bemehlten Arbeitsfläche** aus. Bemehlen Sie auch die Teigrolle, damit der Teig nicht anklebt. Doch Vorsicht: Zu viel Mehl lässt das Gebäck trocken werden!

■ Tauchen Sie die **Backförmchen** vor dem Ausstechen in Mehl, so lässt sich der Teig prima auslösen.

■ Wer auf den **Zuckerguss** verzichten möchte, kann die Plätzchen vor dem Backen mit Milch bestreichen. Das lässt sie glänzen.

■ Bei der Zubereitung von **Makronen** schlagen Sie zuerst das Eiweiß – evtl. mit einer Prise Salz – sehr steif. Dann lassen Sie den Zucker langsam einrieseln, um das Schaumgerüst nicht zu zerstören. (Reinigen Sie die Schüssel vorher, damit sie absolut fettfrei ist.) Die Baisermasse wird besonders fest, wenn Sie statt Puderzucker feinen oder feinsten Zucker verwenden. Die übrigen

Zutaten werden dann vorsichtig untergehoben.

- Beim **Glasieren und Verzieren** können Sie Ihrer Fantasie freien Lauf lassen. Sie können das Gebäck ganz oder teilweise bestreichen. Mit **Zuckerguss** kann man auch Verzierungen spritzen. Füllen Sie ihn dazu in kleine Plastikbeutel und schneiden Sie die Spitze so fein wie möglich ab, sodass ein winziges Loch entsteht. Nun lassen sich Linien ziehen, Punkte aufspritzen oder Schriften aufbringen. Für Glasuren sollten Sie den Puderzucker vorher sieben, damit sich keine Klümpchen bilden. Verwenden Sie außerdem nur klares Eiweiß. Je dicker die Glasur angerührt ist, desto stärker deckt sie.

Zutaten

- Verwenden Sie grundsätzlich mittelgroße **Eier** (Gewichtsklasse M; 53 bis unter 63 g). Zu viel Eiweiß lässt besonders Makronen zerlaufen.
- Backen Sie die Makronen am besten auf **Backoblaten**.

Teig

- **Mürbeteig** sollte schnell verknetet werden und im Kühlschrank ruhen. Praktisch: Sie können den Teig bereits am Vortag zubereiten.
- **Plätzchenteig** sollten Sie immer gleich dick ausrollen. Unterschiedlich dicke Plätzchen haben nämlich auch unterschiedliche Backzeiten.
- Stechen Sie die Plätzchen so eng aus, dass möglichst wenig **Teigreste** entstehen. Durch häufiges Verkneten von Teigresten gelangt zu viel Mehl in den Teig und das macht ihn trocken.

Aufbewahrung des Gebäcks

- Plätzchen sollten Sie immer **kühl** lagern. Zur Aufbewahrung die Plätzchen gut auskühlen lassen. Glasierte Plätzchen dürfen erst dann verpackt werden, wenn der Guss wirklich fest geworden ist.
- Wenn Plätzchen knusprig bleiben sollen, dann lagern Sie sie am besten in gut schließenden **Kunststoff- oder Blechdosen**. Die Lagen durch Folie oder Pergamentpapier trennen.
- Plätzchen, die weich werden sollen, lassen Sie zunächst einige Tage offen stehen, bevor Sie sie in die Dose setzen.
- Stollen in Alu- oder **Frischhaltefolie** verpackt, hält sich etwa 4 Wochen.

Zutaten für Weihnachtsgebäck

Hirschhornsalz

Hirschhornsalz ist ein chemisches Backtriebmittel, das für flaches Gebäck verwendet wird. Hirschhornsalz wird vor dem Unterkneten mit etwas Flüssigkeit angerührt, damit es sich besser im Teig verteilt.

Ingwer

Dieses Gewürz ist frisch, getrocknet, kandiert, in Sirup eingelegt, am Stück oder gemahlen erhältlich. Da Ingwer einen stark würzigen Geschmack hat, sollte er vorsichtig dosiert werden. Sein eigenwilliges Aroma passt sowohl zu salzigen als auch zu süßen Gerichten.

Kandierte Früchte

Für kandierte Früchte werden die Zutaten mehrfach in Zuckerlösung gekocht und auf diese Weise haltbar gemacht. Orangeat wird aus der Schale der Pomeranze, Zitronat aus der Schale der Zitronatzitrone gewonnen. Ananas, Kirschen, Ingwer und kandierte Blüten werden meist für Lebkuchen und Pralinen verwendet.

Kardamom

Gewonnen wird dieses Gewürz aus den getrockneten Fruchtkapseln einer Ingwerstaude. Kardamom duftet angenehm aromatisch und schmeckt feurig würzig, weshalb er unentbehrlich für die Weihnachtsbäckerei ist. Aber auch Kuchen, süße und salzige Reisgerichte, Fruchtspeisen, Fisch- und Fleischgerichte gewinnen durch eine Prise Kardamom ungeheuer an Aroma.

Koriander

Die Korianderpflanze stammt aus dem Orient. Ihren Samen, der als Gewürz verwendet wird, kann man ganz oder gemahlen kaufen. Koriander gehört vor allem zu Aachener Printen, Lebkuchen und Spekulatius.

Lebkuchengewürz

Dieses Gewürz ist eine Mischung aus Zimt, Muskat, Muskatblüte, Kardamom und Ingwer. Zusätzlich kann es auch Nelken, Koriander, Fenchel, Sternanis, Orangenschalen und Zitronenschalen enthalten.

Muskatnuss
Die Fruchtkerne des Muskatnussbaumes werden ganz oder gemahlen angeboten. Frisch gemahlen entfalten sie ihren würzig-scharfen, leicht bitteren Geschmack am besten. Kaufen Sie bevorzugt ganze Nüsse und reiben Sie sie jeweils frisch.

Piment
Die Beeren des Pimentbaumes sind ganz oder gemahlen erhältlich. Man nennt Piment auch „Allgewürz", weil es in sich die Schärfe des Pfeffers und das Aroma von Nelken, Zimt und Muskat vereint.

Pottasche
Pottasche ist ein Backtriebmittel, mit dem man schwere, säurehaltige Honig- und Lebkuchenteige lockert. Pottasche wird mit etwas Wasser angerührt, bevor man sie unter den Teig knetet.

Safran
Die Blütennarben des Safrankrokus werden in mühevoller Handarbeit geerntet, daher ist Safran das teuerste Gewürz der Welt. Es genügen jedoch schon kleinste Mengen, um Speisen intensiv gelb zu färben. Safran duftet schwer und hat einen würzigen, leicht bitteren Geschmack. Safran immer in etwas Flüssigkeit auflösen, bevor man ihn zur Speise gibt.

Vanille
Die „Königin der Gewürze". Die Schoten werden fermentiert und getrocknet, damit sich das feine liebliche Aroma entfaltet. Man verwendet das ausgeschabte Mark der Vanilleschote. Die Schoten werden oft mit ausgekocht und dann entfernt. Echten Vanillezucker erkennt man an den schwarzen Pünktchen. Vanillin wird künstlich hergestellt.

Zimt
Zimt wird aus der getrockneten Innenrinde des Zimtbaumes gewonnen. Gemahlener Zimt hat ein stärkeres Aroma als Zimtstangen, bleibt aber nicht so lange frisch wie diese. Mit seinem würzigen, herb-süßem Geschmack bereichert Zimt nicht nur die Weihnachtsbäckerei. Es findet auch Verwendung für Reisspeisen, süße Saucen und Suppen, für Glühwein und Punsche, aber auch für verschiedene Gemüse wie beispielsweise Rotkohl.

Zuckerrübensirup
Zuckerrübensirup ist der eingedickte, konzentrierte Saft gekochter Zuckerrüben. Mit seinem malzigen Geschmack ist er zum Süßen von Lebkuchen bestens geeignet.

Hinweise zu den Rezepten

Portionsgrößen
Bei jedem Rezept finden Sie eine Angabe zur Gebäckmenge. Die Stückzahl kann je nach Größe der Plätzchen variieren.

Zubereitungszeiten
Hier steht die Zeit, die Sie benötigen, um das ganze Gericht zuzubereiten. Sollten dabei längere Zeitspannen auftreten, in denen Sie nichts zu tun haben, so haben wir diese gesondert als Back-, Quell-, Kühlzeit usw. aufgeführt.
Die Backzeit gilt – auch wenn Sie mehrere Bleche nacheinander backen – immer für ein Blech.

Kalorien- und Nährwertangaben
Sie beziehen sich immer auf 1 Stück bzw. 1 Portion des Gerichts. Die Prozentangabe steht für Fettkalorienprozent.

Zutatenmengen
Wenn nicht anders angegeben, gehen wir bei Obst und Gemüse von ungeputzter Rohware aus. Bei Stückangaben (z. B. 1 Zucchini) beziehen wir uns auf ein Stück mittlerer Größe.

Backofentemperaturen
Sie beziehen sich auf den Elektroherd mit Ober- und Unterhitze. Wenn Sie mit Umluft arbeiten, reduzieren Sie die Temperatur um 20%. Die Backzeit bleibt gleich.

Abkürzungen

TL	=	Teelöffel (gestrichen)
EL	=	Esslöffel (gestrichen)
Msp.	=	Messerspitze
P.	=	Päckchen
Pr.	=	Prise
Bd.	=	Bund
getr.	=	getrocknet
g	=	Gramm (1000 g = 1 kg)
ml	=	Milliliter (1000 ml = 1 l)
kcal	=	Kilokalorien (oder einfach: Kalorien)
i. Tr.	=	in Trockenmasse
ca.	=	circa
°C	=	Grad Celsius
TK-	=	Tiefkühl...
Ø	=	Durchmesser
Min.	=	Minuten
Std.	=	Stunde(n)
cm	=	Zentimeter

Rezepte

Genuss ohne Reue verspricht LOW FETT 30! Auf den folgenden Seiten erwarten Sie teils klassische, teils neue Rezepte der Weihnachtsbäckerei sowie köstliche Festmenüs.

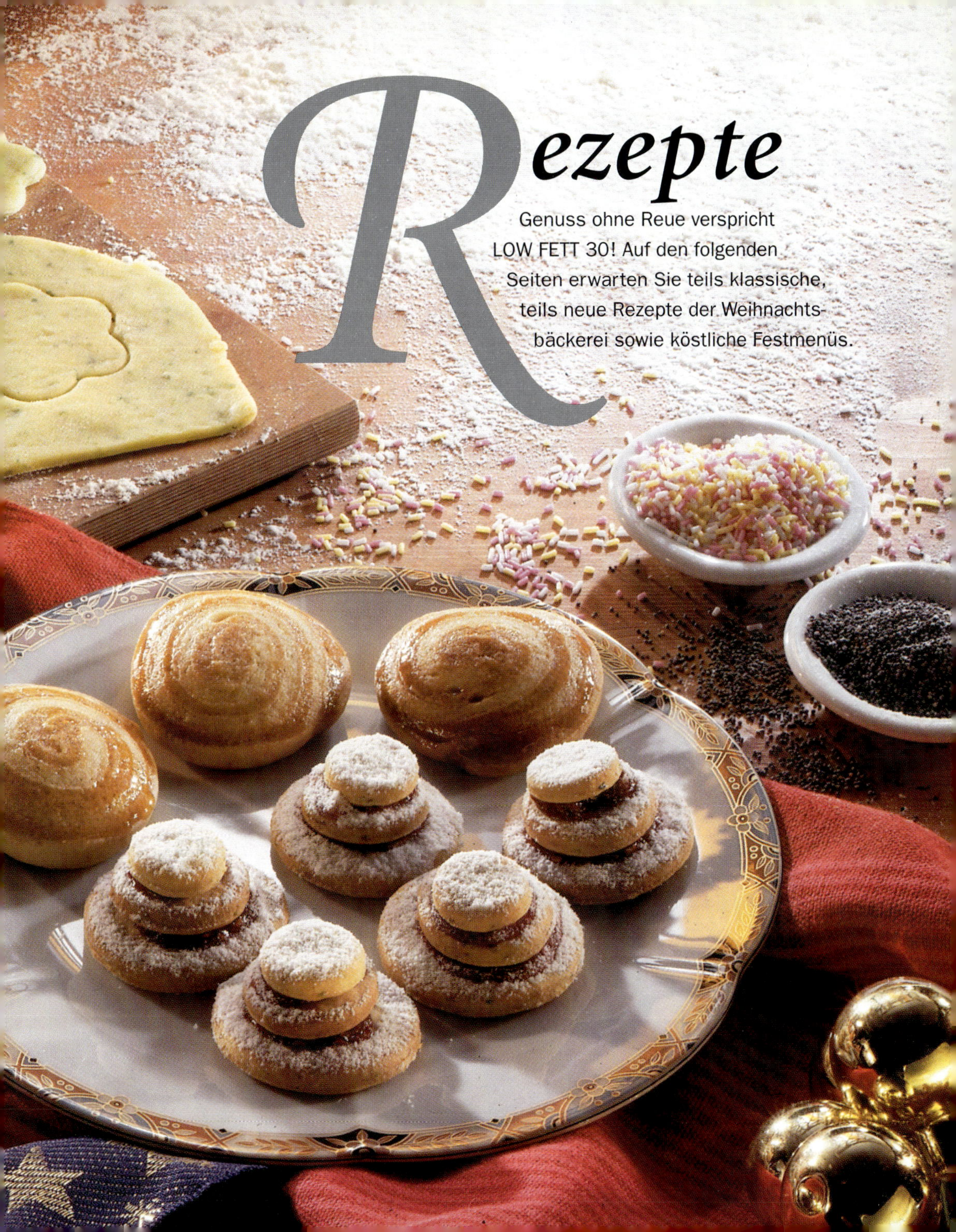

Nürnberger Lebkuchen

Für etwa 50 Stück
Zubereitungszeit: ca. 1 Std.
Backzeit: ca. 30 Minuten
ca. 85 kcal · ca. 2,5 g Fett · 26%

Für den Teig:
4 Eier
225 g Zucker
1 P. Vanillezucker
1 Pr. Salz
250 g Mehl
1 geh. TL Backpulver
225 g gemahlene Mandeln
abgeriebene Schale 1 Zitrone
1 Msp. gemahlene Nelken
1 Msp. gemahlener Piment
1 Msp. gemahlener Kardamom
1 geh. TL gemahlener Zimt
100 g fein gehacktes Zitronat
runde Backoblaten (8 cm Ø)

Für den Guss:
200 g Puderzucker
3 EL heißes Wasser
2 EL Rosenwasser
50 g bunte Zuckerstreusel

1. Die Eier, den Zucker, den Vanillezucker und das Salz schaumig rühren.
2. Das Mehl mit dem Backpulver mischen und nach und nach unterrühren. Die Mandeln hinzufügen und unterziehen.
3. Die Zitronenschale, die Gewürze und das Zitronat in den Teig rühren.
4. Den Teig etwa 1 cm dick auf die Oblaten streichen, dabei einen Rand von etwa 1 cm lassen. Die Oblaten auf ein Backblech setzen.
5. Im vorgeheizten Backofen bei 180 °C auf der mittleren Schiene backen. Nach etwa 30 Minuten das Blech aus dem Ofen nehmen.
6. Den Puderzucker sieben und mit Wasser und Rosenwasser glatt rühren.
7. Die noch warmen Lebkuchen dünn mit dem Guss bestreichen, mit den Zuckerstreuseln verzieren und auf dem Blech auskühlen lassen. (auf dem Foto)

Ananas-Printen

Für etwa 60 Stück
Zubereitungszeit: ca. 50 Minuten
Ruhezeit: über Nacht
Backzeit: ca. 15 Minuten
ca. 85 kcal · ca. 2 g Fett · 21%

250 g heller Zuckerrübensirup
100 g Butter
50 g brauner Zucker
50 g brauner Kandiszucker
5 g Pottasche
3 EL Rum
2 TL Lebkuchengewürz
300 g Mehl
50 g gemahlene Haselnüsse
250 g kandierte Ananas
250 g Puderzucker
3 EL Zitronensaft
30 g kandierte Ananas

1. Den Sirup, die Butter und den Zucker in einem Topf erwärmen, bis die Butter und der Zucker aufgelöst sind. Den Kandiszucker grob zerkleinern. Die Pottasche in Rum auflösen.
2. Den Kandiszucker, die Gewürzmischung, das Mehl, die Nüsse und die klein gehackte Ananas vermengen. Die Sirupmischung und die aufgelöste Pottasche dazugeben und sorgfältig verkneten. Den Teig über Nacht bei Zimmertemperatur ruhen lassen.
3. Den Teig auf der bemehlten Arbeitsfläche 3 mm dünn ausrollen. Rechtecke von etwa 3 x 6 cm ausschneiden und auf mit Trennpapier ausgelegte Bleche legen. Im vorgeheizten Backofen auf der mittleren Schiene bei 175 °C etwa 15 Minuten backen. Auskühlen lassen.
4. Die kandierte Ananas in dünne Scheiben schneiden. Puderzucker und Zitronensaft verrühren und die Printen damit bestreichen. Mit den Ananasscheibchen belegen.

Honigsterne

Für etwa 60 Stück
Zubereitungszeit: ca. 2 1/4 Std.
Kühlzeit: ca. 2 Std.
Backzeit: ca. 15 Minuten
ca. 55 kcal · ca. 1 g Fett · 16 %

100 g Honig
75 g Zucker
2 EL Milch
50 g Butter
1 P. Vanillezucker
1 TL Honigkuchengewürz
1 TL gemahlener Zimt
1 P. Citroback
250 g Mehl
1 EL Kakao
3 TL Backpulver
50 g gehackte Mandeln
150 g Puderzucker
1 Eiweiß
einige Tropfen Zitronensaft
150 g kandierte Früchte

1. In einem Topf den Honig mit dem Zucker, der Milch und der Butter zerlassen, in eine Rührschüssel geben und abkühlen lassen.
2. Den Vanillezucker, das Honigkuchengewürz, den Zimt und das Citroback unter die fast erkaltete Masse geben. Mit dem Knethaken des Handrührgerätes auf höchster Stufe vermengen.
3. Das Mehl mit dem Kakao und dem Backpulver sieben und mit den Mandeln unter die Masse mischen. Auf einer bemehlten Arbeitsfläche zu einem glatten Teig verkneten und 2 Stunden kalt stellen.
4. Den Backofen auf 180 °C vorheizen. Den Teig dünn ausrollen, Sterne ausstechen und auf ein gefettetes Backblech setzen. Etwa 15 Minuten auf der mittleren Schiene backen.
5. Den Puderzucker sieben und mit Eiweiß und Zitronensaft zu einer dickflüssigen Masse verrühren. Die Plätzchen damit bestreichen und mit den kandierten Früchten verzieren.

Pflastersteine

Für etwa 50 Stück
Zubereitungszeit: ca. 2 Std.
Backzeit: ca. 15 Minuten
ca. 55 kcal · ca. 1,5 g Fett · 25 %

125 g heller Zuckerrübensirup
50 g Zucker
50 g Butter
1 Ei
2 TL Lebkuchengewürz
250 g Mehl
2 TL Backpulver
50 g gehackte Mandeln
50 g gewürfeltes Orangeat
1 frisches Eigelb
2 EL Milch (1,5 % Fett)
100 g Hagelzucker
Mehl für die Arbeitsfläche

1. Den Sirup in einem kleinen Topf mit dem Zucker und der Butter zerlassen. In eine Rührschüssel geben und abkühlen lassen.
2. In die fast erkaltete Masse mit den Knethaken eines Handrührgerätes das Ei und das Lebkuchengewürz unterrühren.
3. Das Mehl mit dem Backpulver sieben und zusammen mit den Mandeln und dem Orangeat unter die Masse kneten. Etwa 1 Stunde kalt stellen.
4. Den Backofen auf 180 °C vorheizen. Auf einer bemehlten Arbeitsfläche aus dem Teig walnussgroße Kugeln formen, etwas flach drücken.
5. Das Eigelb mit Milch verrühren, die Kugeln damit bestreichen und mit Hagelzucker bestreuen. Die Teigkugeln auf ein mit Backtrennpapier ausgelegtes Backblech legen und auf der mittleren Schiene etwa 15 Minuten backen.

TIPP
Die Plätzchen einen Tag offen stehen lassen, damit sie weich werden. Erst dann in eine Dose schichten.

Honigsterne (oben) und Pflastersteine (unten)

Braune Plätzchen

Für etwa 50 Stück
Zubereitungszeit: ca. 50 Minuten
Kühlzeit: ca. 2 Std.
Backzeit: ca. 10 Minuten
ca. 60 kcal · ca. 2 g Fett · 30 %

100 g Butter
250 g Puderzucker
1 P. Vanillezucker
1 Pr. Salz
1 Ei
250 g Mehl
3 TL Backpulver
4 TL Lebkuchengewürz
25 g brauner Zucker
2 EL Milch (1,5 % Fett)
1 Briefchen Safranpulver
1/2 Eiweiß

1. Die weiche Butter, den Puderzucker, den Vanillezucker und eine Prise Salz zu einer glatten Masse verkneten. Das Ei schnell unterarbeiten.
2. Das Mehl mit dem Backpulver sieben und mit dem Lebkuchengewürz und dem braunen Zucker unterkneten. Den Teig in Folie wickeln und 2 Stunden in den Kühlschrank stellen.
3. Den Teig auf einer bemehlten Arbeitsfläche etwa 1/2 cm dick ausrollen und mit Förmchen ausstechen.
4. Die Plätzchen auf mit Trennpapier ausgelegte Backbleche legen und nacheinander bei 180 °C auf der zweiten Schiene von unten backen. Abkühlen lassen.
5. Den Safran mit 1 Esslöffel heißem Wasser verrühren, dann mit dem restlichem Puderzucker und dem Eiweiß zu einem Guss verrühren. Die Plätzchen damit bestreichen und trocknen lassen.

Honigkuchen

Für etwa 50 Stück
Zubereitungszeit: ca. 30 Minuten
Backzeit: ca. 30 Minuten
ca. 125 kcal · ca. 4 g Fett · 29 %

350 g Honig
200 g Margarine
120 g feiner Zucker
2 Eier
1 EL Lebkuchengewürz
1 P. Orangeback
2 TL gemahlener Zimt
500 g Weizenmehl
1 P. Backpulver
1 EL Kakao
100 ml Milch (1,5 % Fett)
150 g gewürfeltes Zitronat
150 g gewürfeltes Orangeat
25 g Belegkirschen
50 g Mandelstifte
1 Eiweiß
1 EL Wasser

1. Den Honig und die Margarine in einem Topf bei mäßiger Hitze mit dem Zucker schmelzen, in eine Rührschüssel geben und abkühlen lassen.
2. Eier, Lebkuchengewürz, Orangeback und Zimt mit den Besen eines Handrührgeräts auf höchster Stufe unter die abgekühlte Honigmasse rühren.
3. Das Mehl mit Backpulver und Kakao mischen, sieben und auf mittlerer Stufe zusammen mit der Milch unter die Honigmasse rühren. Zitronat und Orangeat unter den Teig heben.
4. Den Backofen auf 180°C vorheizen. Ein Backblech mit Backtrennpapier auslegen und den Teig darauf verteilen.
5. Nun 5 x 5 cm große Quadrate auf dem Teig markieren und mit Belegkirschen und Mandelstiften garnieren.
6. Das Eiweiß mit Wasser verrühren und den Teig damit bestreichen. Auf der mittleren Schiene etwa 30 Minuten backen.
(auf dem Foto)

TIPP
Wer Kalorien und Fett sparen möchte lässt die Mandelstifte einfach weg.

Coburger Schmätzchen

Für etwa 40 Stück
Zubereitungszeit: ca. 30 Minuten
Backzeit: ca. 15 Minuten
ca. 70 kcal · ca. 0,5 g Fett · 6 %

1 Ei
30 g halbfester Honig
350 g Zucker
1 TL gemahlener Zimt
1/2 TL Lebkuchengewürz
1/2 TL Kakao
25 g Zitronat
25 g gehackte Haselnüsse
250 g Mehl
1 TL Backpulver

1. Eier, Honig und Zucker gut miteinander verrühren. Gewürze, Kakao, fein gewürfeltes Zitronat und Haselnüsse dazugeben.
2. Das Mehl mit dem Backpulver zu der Masse sieben und alles zu einem festen Teig verarbeiten. Aus dem Teig Rollen von ca. 3 cm Ø formen.
3. Ein Backblech mit Backtrennpapier auslegen. Die Rollen in etwa 1/2 cm dicke Scheiben schneiden, die Plätzchen mit Abstand auf das Blech legen und bei 180 °C auf der mittleren Schiene etwa 15 Minuten backen.

Elisenlebkuchen

Für etwa 35 Stück
Zubereitungszeit: ca. 1 Std.
Ruhezeit: ca. 1 Std.
Backzeit: ca. 15 Minuten
ca. 130 kcal · ca. 4 g Fett · 28 %

3 Eier
250 g Zucker
250 g gehackte Mandeln
75 g Orangeat
125 g Zitronat
120 g Mehl
1 TL Backpulver
1 TL gemahlener Zimt
1 Msp. gemahlene Nelken
1 Msp. gemahlener Kardamom
1 Msp. gemahlener Piment
1/2 TL Citroback
1 EL Rum
150 g geriebener Zwieback
35 runde Backoblaten (ca. 8 cm Ø)
100 g Puderzucker
2 EL Rum

1. Die Eier zusammen mit dem Zucker schaumig rühren. Mandeln, Orangeat und Zitronat hinzufügen und unterrühren.
2. Das Mehl mit dem Backpulver mischen, sieben und unter Rühren löffelweise dazugeben.
3. Gewürze, Citroback, Rum und Zwieback hinzufügen und gut verrühren, bis eine zähe Masse entstanden ist. Diese bei Zimmertemperatur etwa 1 Stunde ruhen lassen.
4. Den Backofen auf 160 °C vorheizen. Ein Backblech mit Backpapier auslegen. Die Oblaten darauf verteilen und mit einem Messer die Lebkuchenmasse etwa 2 cm dick auf die Oblaten streichen. Auf der mittleren Schiene etwa 15 Minuten hellbraun backen.
5. Für die Glasur den Puderzucker mit dem Rum glatt rühren. Die Lebkuchen mit der Glasur überziehen.
(auf dem Foto: oben)

Pfefferkuchen

Für etwa 60 Stück
Zubereitungszeit: ca. 30 Minuten
Backzeit: ca. 15 Minuten
ca. 70 kcal · ca. 1,5 g Fett · 19 %

350 g Zucker
4 Eier
500 g Mehl
1 TL gemahlener Zimt
1 Msp. schwarzer Pfeffer
1 Msp. geriebene Muskatnuss
1 Msp. gemahlene Nelken
1 EL Zitronensaft
1 EL Citroback
150 g gemahlene Mandeln

1. Den Zucker zusammen mit den Eiern schaumig rühren. Das Mehl darüber sieben und die übrigen Zutaten dazugeben. Alles schnell zu einem Teig verkneten.
2. Den Backofen auf 180 °C vorheizen. Eine Arbeitsfläche mit Mehl bestreuen und den Teig darauf etwa 2 mm dick ausrollen.
3. Runde Plätzchen von ca. 4 cm Ø ausstechen, diese zu kleinen Kugeln formen und etwas flach drücken.
4. Die Plätzchen auf ein mit Backpapier belegtes Blech legen und im Ofen etwa 15 Minuten backen.
(auf dem Foto: unten)

Aprikosen-Honig-Lebkuchen

Für etwa 30 Stück
Zubereitungszeit: ca. 1 Std.
Quellzeit: 3–4 Std.
Ruhezeit: über Nacht
Backzeit: ca. 30 Minuten
ca. 130 kcal · ca. 4 g Fett · 28 %

150 g getrocknete, ungeschwefelte Aprikosen
6 Eier
300 g Honig
150 g gemahlene Mandeln
2 TL gemahlener Zimt
3 TL Lebkuchengewürz
1 P. Vanillezucker
1 P. Orangeback
375 g Mehl
3 TL Backpulver
Backoblaten (ca. 7 cm Ø)

1. Die Aprikosen waschen und mit Wasser bedeckt etwa 3 bis 4 Stunden quellen lassen. Dann abtropfen lassen und fein würfeln.
2. Die Eier zusammen mit dem Honig schaumig rühren. Die Mandeln, die Gewürze, den Vanillinzucker und das Orangeback unter die Masse heben.
3. Das Mehl mit dem Backpulver sieben und unterrühren. Ein Backblech mit Backtrennpapier auslegen und den Teig etwa 1 cm dick auf die Oblaten streichen. Die Oblaten auf das Backblech setzen und über Nacht antrocknen lassen.
4. Am nächsten Morgen das Blech in den kalten Backofen auf die mittlere Schiene setzen und etwa 30 Minuten bei 180 °C backen.

Magenbrot

Für etwa 50 Stück
Zubereitungszeit: ca. 40 Minuten
Kühlzeit: ca. 1 Std.
Backzeit: ca. 20 Minuten
ca. 75 kcal · ca. 1,5 g Fett · 18 %

250 g Zuckerrübensirup
75 g Butter
1 Ei
500 g Mehl
1 EL Kakaopulver
1 TL gemahlener Zimt
1 TL Lebkuchengewürz
125 ml kalter, starker Kaffee
1 EL Rosenwasser
1 TL Pottasche
20 g Kokosfett
150 g Puderzucker
1 EL Arrak
1 EL Rotwein

1. Den Zuckerrübensirup mit der Butter erwärmen und abkühlen lassen. Das Ei unterrühren. Mehl, Kakao, Gewürze, Kaffee und die mit Rosenwasser angerührte Pottasche darunterkneten.
2. Den Teig in Folie wickeln und etwa 1 Stunde in den Kühlschrank legen. Ein Backblech mit Backtrennpapier auslegen und den Teig darauf ausrollen. Bei 200 °C auf der mittleren Einschubleiste etwa 20 Minuten backen.
3. Das Magenbrot in Stücke von etwa 3 x 4 cm schneiden, abkühlen lassen und mit einem Guss aus zerlassenem Kokosfett, Puderzucker, Arrak und Rotwein überziehen.

Weihnachtsmänner

Für 5 Stück
Zubereitungszeit: ca. 1 Std.
Ruhezeit: 3–4 Std.
Backzeit: ca. 12 Minuten
ca. 930 kcal · ca. 20 g Fett · 19 %

100 g Margarine
250 g Honig
125 g Zucker
1 EL Pfefferkuchengewürz
1 Ei, 1 Pr. Salz
1 TL Kakao
500 g Mehl
1 TL Backpulver

Für die Dekoration:
200 g Puderzucker
1 Eiweiß
rote Speisefarbe

1. Die Margarine, den Honig und den Zucker unter Rühren erhitzen, bis sich der Zucker aufgelöst hat. Den Topf vom Herd nehmen.

Aprikosen-Honig-Lebkuchen

2. Pfefferkuchengewürz, Ei, Salz und Kakao unterrühren. Das Mehl mit dem Backpulver mischen und unterkneten, bis ein glatter Teig entstanden ist. Den Teig bei Zimmertemperatur 3 bis 4 Stunden ruhen lassen.
3. Den Teig auf der bemehlten Arbeitsfläche 1 cm dick zu einem Rechteck von ca. 20 x 42 cm ausrollen. In vier gleichschenkelige Dreiecke schneiden.
4. Teigreste nochmals ausrollen und ein weiteres Dreieck ausschneiden. Auf einem mit Backpapier ausgelegtem Blech bei 200 °C etwa 12 Minuten backen.
5. Puderzucker und Eiweiß zu einem Guss verrühren. 1/4 davon abnehmen und mit roter Speisefarbe kräftig einfärben.
6. Den Restlichen Zuckerguss in einen Spritzbeutel mit sehr kleiner Lochtülle füllen. Die Teigdreiecke mit rotem und weißem Zuckerguss als Weihnachtsmänner verzieren. Trocknen lassen.

TIPP

Die Weihnachtsmänner sind ein schönes Mitbringsel. Es lassen sich aber auch andere Formen aus dem Teig backen. Seien Sie kreativ! Vorlagen finden sich oft auf dem Backtrennpapier.

Aachener Printen

Für etwa 50 Stück
Zubereitungszeit: ca. 1 1/4 Std.
Ruhezeit: ca. 24 Std.
Backzeit: ca. 15 Minuten
ca. 95 kcal · ca. 0,1 g Fett · 1%

500 g Zuckerrübensirup
3 EL Wasser
5 g Pottasche
250 g Zucker
100 g Orangeat
600 g Mehl
2 TL gemahlener Anis
2 TL gemahlener Koriander
2 TL gemahlener Zimt
1/2 TL gemahlener Piment
1/2 TL gemahlener Kardamom
1/2 TL gemahlene Nelken
1 TL Natron
50 g Hagelzucker

1. Den Sirup mit dem Wasser und der Pottasche erwärmen, den Zucker darin auflösen. Die Mischung auf Handwärme abkühlen lassen.
2. Orangeat sehr fein würfeln, mit dem Mehl und den Gewürzen unter den Sirup kneten. Den Teig abdecken und 24 Stunden kühl stellen.
3. Den Teig auf bemehlter Fläche etwa 4 mm dick ausrollen. In etwa 3 x 8 cm große Stücke schneiden und auf einem mit Backtrennpapier ausgelegten Blech bei 200 °C auf der mittleren Schiene etwa 15 Minuten backen.
4. Die noch warmen Printen mit Hagelzucker bestreuen und auskühlen lassen.

(auf dem Foto: links)

TIPP
Einige der Printen können auch dünn mit Kuvertüre überzogen werden, da der Fettanteil der Printen sehr niedrig ist.

Spekulatius

Für etwa 50 Stück
Zubereitungszeit: ca. 1 1/4 Std.
Ruhezeit: ca. 1 Std.
Backzeit: ca. 10 Minuten
ca. 45 kcal · ca. 1,5 g Fett · 30%

1/2 TL Hirschhornsalz
3 EL Kaffeesahne (10% Fett)
250 g Mehl
1 TL gemahlener Zimt
1/2 TL gemahlener Kardamom
1 Msp. gemahlener Ingwer
1 Msp. abgeriebene Pomeranzenschale
70 g Margarine
150 g Zucker
1 P. Vanillezucker
1 Ei

1. Das Hirschhornsalz in der Kaffeesahne auflösen.
2. Das Mehl mit den Gewürzen mischen und auf ein Backbrett geben. In die Mitte eine Vertiefung drücken und in diese Margarineflöckchen, Zucker, Vanillezucker, Ei und das aufgelöste Hirschhornsalz geben.
3. Alles zu einem glatten Teig verarbeiten, in Alufolie einwickeln und im Kühlschrank etwa 1 Stunde ruhen lassen.
4. Den Backofen auf 200 °C vorheizen. Ein Backblech mit Backtrennpapier auslegen.
5. Die Arbeitsplatte mit Mehl bestreuen und den Teig darauf ausrollen. Mit einer Spekulatiusrolle oder Förmchen die Spekulatius ausstechen und auf das Backblech legen.
6. Die Spekulatius auf der mittleren Schiene etwa 10 Minuten backen und anschließend auf einem Kuchengitter abkühlen lassen.

(auf dem Foto: rechts)

Pfefferkuchen-kringel

Ca. 40 Stück
Zubereitungszeit: ca. 50 Minuten
Ruhezeit: ca. 1 Std.
Backzeit: ca. 12 Minuten
ca. 100 kcal · ca. 3 g Fett · 27 %

125 g Butter
250 g flüssiger Honig
100 g Zuckerrübensirup
1/2 TL frisch gemahlener weißer Pfeffer
1/2 TL gemahlener Zimt
1 Pr. gemahlener Ingwer
1 Pr. geriebene Muskatnuss
1 Pr. gemahlene Nelken
2 Eier
1/2 TL Hirschhornsalz
2 EL Rum
500 g Mehl

1. Die Butter in einem kleinen Topf zerlassen und abkühlen lassen.
2. Den Honig mit dem Sirup, den Gewürzen und den Eiern verrühren.
3. Das Hirschhornsalz mit dem Rum anrühren, mit dem Mehl, einer Prise Salz und der zerlassenen Butter unter die Honigmasse kneten. Den Teig abdecken und etwa 1 Stunde kühl stellen.
4. Den Teig 1/2 cm dick ausrollen und Ringe von ca. 6 cm Ø ausstechen. Die Ringe auf ein mit Backtrennpapier ausgelegtes Backblech legen.
5. Auf der oberen Schiene des 200 °C heißen Ofens etwa 12 Minuten goldbraun backen und auf einem Gitter auskühlen lassen.

Pfeffernüsse

Für etwa 45 Stück
Zubereitungszeit: ca. 1 Std.
Kühlzeit: ca. 1 Std.
Backzeit: ca. 20 Minuten
ca. 60 kcal · 2 g Fett · 30 %

90 g weiche Butter
50 g flüssiger Honig
100 g Zucker
1 kleines Ei
1 TL Citroback
30 g Orangeat
30 g Zitronat
Salz
250 g Mehl
1 TL Backpulver
1/2 TL gemahlener Zimt
1/2 TL gemahlene Nelken
1/2 TL gemahlener Ingwer
1/2 TL gemahlener weißer Pfeffer
70 g Puderzucker
1 EL brauner Rum
1 TL Zitronensaft
rote Lebensmittelfarbe

1. Butter, Honig und Zucker mit dem Handrührgerät schaumig rühren. Das Ei, eine Prise Salz und Citroback unterrühren.
2. Orangeat und Zitronat fein hacken und zur Buttermischung geben. Mehl, Backpulver und Gewürze dazusieben und alles zu einem glatten Teig verkneten.
3. Den Teig in 2 gleich große Stücke teilen und diese auf der bemehlten Arbeitsfläche zu je 40 cm langen Rollen formen. Die Teigrollen für etwa 1 Stunde in den Kühlschrank legen.
4. Den Backofen auf 180 °C vorheizen. Ein Backblech mit Trennpapier auslegen. Die Teigrollen in je etwa 22 Scheiben schneiden.
5. Die Teigscheiben auf das Backblech legen und mit dem Daumen leicht eindrücken. Auf der zweiten Einschubleiste von unten etwa 20 Minuten backen. Die Pfeffernüsse mit dem Trennpapier vom Blech ziehen und auskühlen lassen.
6. Für die Glasur den Puderzucker mit Rum und Zitronensaft glatt rühren. Die Hälfte der Pfeffernüsse mit der Hälfte der Glasur bestreichen. Den Rest der Glasur mit der Lebensmittelfarbe färben und die übrigen Pfeffernüsse damit überziehen. Die Glasur antrocknen lassen.
(auf dem Foto)

Honigkuchentaler

Für etwa 50 Stück
Zubereitungszeit: ca. 2 Std.
Kühlzeit: über Nacht
Gefrierzeit: ca. 1 Std.
Backzeit: ca. 12 Minuten
ca. 100 kcal · ca. 3 g Fett · 27 %

Für den Mürbeteig:
250 g Mehl
100 g Puderzucker
100 g Butter
1 Pr. Salz
1 Ei
1 Eigelb
1 Vanilleschote

Für den Honigkuchenteig:
250 g Honig
70 g Butter
50 g Puderzucker
1 TL gemahlener Zimt
1/2 TL gemahlener Kardamom
1 TL gemahlener Anis
1/2 TL gemahlene Nelken
1 P. Citroback
1/2 TL Pottasche
1 Ei
350 g Mehl
1–2 EL Honig zum Bestreichen

1. Für den Mürbeteig das Mehl und den Puderzucker in eine Schüssel sieben. Butter, Salz, Ei, Eigelb und das ausgekratzte Vanillemark dazugeben. Alles zügig zu einem geschmeidigen Teig verarbeiten und zu einer Kugel formen. Etwa 3 Stunden kalt stellen.

2. Für den Honigkuchenteig den Honig und die Butter so lange erwärmen, bis die Butter flüssig geworden ist. Den Puderzucker zu der Masse sieben und zusammen mit den Gewürzen und dem Citroback unterrühren. Etwas abkühlen lassen.

3. Die Pottasche in sehr wenig lauwarmem Wasser auflösen. Mit dem Ei und dem Mehl unter die Honigmasse geben und glatt rühren. Mindestens 6 Stunden, besser über Nacht kalt stellen.

4. Beide Teige jeweils zwischen 2 Lagen leicht bemehlter Klarsichtfolie zu einem Rechteck von 40 x 25 cm ausrollen. Von beiden Teigen die obere Klarsichtfolie abziehen.

5. Den Mürbeteig vorsichtig mit etwa 1 Esslöffel Wasser bestreichen. Den Honigkuchenteig mit der Teigseite nach unten auf den Mürbeteig legen, jetzt die oben liegende Klarsichtfolie abziehen.

6. Das doppelte Teigrechteck zu einer Rolle aufrollen. Dabei kann man die verbliebene untere Folie zu Hilfe nehmen. Die Rolle für 1 Stunde ins Gefrierfach legen.

7. Die Teigrolle in etwa 8 mm dünne Scheiben schneiden. Die Scheiben mit etwas Abstand auf ein mit Backtrennpapier ausgelegtes Backblech legen. Bei 170 °C auf der mittleren Schiene etwa 12 Minuten backen. Aus dem Ofen nehmen und sofort dünn mit Honig bestreichen.
(auf dem Foto)

Polnische Kathrinchen

Für etwa 50 Stück
Zubereitungszeit: ca. 1 Std.
Kühlzeit: ca. 1 Std.
Backzeit: ca. 20 Minuten
ca. 40 kcal · ca. 1 g Fett · 22 %

50 g Butter
80 g Zuckerrübensirup
50 g Zucker
1 Ei
1 TL Lebkuchengewürz
1 P. Orangeback
1 EL Rum
350 g Mehl
2 TL Backpulver

Außerdem:
Kondensmilch (4 % Fett)

1. Die Butter, den Sirup und den Zucker in einem kleinen Topf schmelzen, in eine Rührschüssel geben und erkalten lassen.
2. Unter die fast erkaltete Masse das Ei, das Lebkuchengewürz, den Orangeback und den Rum mit dem Handrührgerät auf höchster Stufe unterrühren.
3. Das Mehl mit dem Backpulver sieben, die Hälfte davon unter die Butter-Zucker-Masse rühren.
4. Das restliche Mehl in den Teig kneten. Den Teig für eine Stunde kalt stellen.
5. Den Teig auf einer bemehlten Arbeitsfläche dünn ausrollen. Die Kathrinchen mit einer besonderen Form (z.B. ein Kleeblatt) ausstechen.
6. Die Plätzchen auf ein mit Backtrennpapier ausgelegtes Backblech legen und mit Kondensmilch bestreichen. Auf der mittleren Schiene im vorgeheizten Backofen bei 180 °C etwa 10 Minuten backen.

Baseler Leckerli

Für etwa 50 Stück
Zubereitungszeit: ca. 1 1/4 Std.
Ruhezeit: 1 Tag
Backzeit: ca. 25 Minuten
ca. 70 kcal · ca. 1 g Fett · 13 %

250 g Honig
150 g Zucker
1 TL gemahlener Zimt
1/2 TL gemahlene Nelken
1 Msp. geriebene Muskatnuss
60 g Orangeat
60 g Zitronat
100 g gehackte Mandeln
1 TL abgeriebene Zitronenschale
6 EL Kirschwasser
300 g Mehl
1 TL Backpulver
60 g Puderzucker

1. Honig, Zucker, Zimt, Nelken und Muskatnuss unter Rühren aufkochen und abkühlen lassen.
2. Orangeat und Zitronat fein würfeln und zusammen mit den Mandeln, der geriebenen Zitronenschale und 4 Esslöffel Kirschwasser in die Honigmasse rühren.
3. Mehl und Backpulver darüber sieben und unterkneten. Einen Tag kühl stellen.
4. Den Teig auf einer bemehlten Arbeitsfläche etwa 1 cm dick ausrollen und auf einem mit Backtrennpapier ausgelegtem Blech bei 175 °C auf der mittleren Schiene etwa 25 Minuten backen. Auf dem Blech abkühlen lassen.
5. Den Puderzucker mit dem restlichen Kirschwasser glatt rühren und den Kuchen damit bestreichen. Dann in etwa 3 cm große Quadrate schneiden und ganz auskühlen lassen.
(auf dem Foto)

Gefüllte Honigherzen

Für etwa 40 Stück
Zubereitungszeit: ca. 3 Std.
Kühlzeit: über Nacht
Backzeit: ca. 15 Minuten
ca. 75 kcal · ca. 2,5 g Fett · 30 %

60 g Honig
150 g Zucker
100 g Mehl
75 g Roggenmehl (Typ1370)
1/4 TL gemahlener Zimt
1/4 TL gemahlene Nelken
1/4 TL gemahlener Piment
75 g gemahlene Mandeln
2 kleine Eier

Für die Füllung:
75 g Sauerkirschkonfitüre
20 g Orangeat
1 EL Kirschwasser

Außerdem:
150 g dunkle Kuvertüre

1. Den Honig und den Zucker in eine Schüssel geben und verrühren. Das Mehl mit den Gewürzen in eine andere Schüssel sieben.
2. Die Honigmischung mit dem Mehl, den Mandeln und den Eiern zu einem glatten Teig verkneten. Den Teig zu einer Kugel formen und über Nacht kalt stellen.
3. Den Teig portionsweise auf einer bemehlten Arbeitsfläche ca. 2 mm dick ausrollen. Mit einem Herzförmchen die Plätzchen ausstechen, auf ein mit Backtrennpapier ausgelegtes Blech setzen und dünn mit Wasser bestreichen.
4. Auf der zweiten Einschubleiste von unten bei 180 °C ca. 15 Minuten backen. Die Plätzchen mit dem Backpapier von dem Blech ziehen und erkalten lassen.
5. Für die Füllung die Sauerkirschkonfitüre mit dem Pürierstab pürieren und bei milder Hitze etwa 8 Minuten einkochen lassen. Orangeat klein würfeln, dazugeben und die Masse erkalten lassen. Das Kirschwasser unterrühren.
6. Die Hälfte der Herzen auf einer Seite mit Konfitüre bestreichen. Die restlichen Herzen daraufsetzen.
7. Die Kuvertüre nach Packungsvorschrift zerlassen. Die doppelten Herzen zur Hälfte in die Kuvertüre tauchen, am Gefäßrand abstreifen und auf Backpapier oder Folie fest werden lassen.

TIPP
Die Herzen mit bunten Zuckerstreuseln bestreuen, solange die Schokolade noch nicht fest ist.

Vanillekipferl

Für etwa 45 Stück
Zubereitungszeit: ca. 1 Std.
Kühlzeit: ca. 1 Std.
Backzeit: ca. 10 Minuten
ca. 80 kcal · ca. 2,5 g Fett · 28 %

50 g gemahlene Haselnüsse
450 g Mehl
100 g Butter
250 g Puderzucker
1 P. Vanillezucker
1 Vanilleschote

1. Die gemahlenen Nüsse mit dem Mehl, der Butter, 200 g Puderzucker, dem Vanillezucker und dem ausgekratzten Mark der Vanilleschote rasch zu einem Teig verkneten und für 1 Stunde kalt stellen.
2. Aus dem Teig dünne Rollen formen, in etwa 5 cm lange Stücke schneiden und diese zu Kipferl formen.
3. Die Kipferl auf ein mit Backtrennpapier ausgelegtes Backblech legen und im vorgeheizten Backofen bei 180 °C auf der mittleren Schiene etwa 10 Minuten backen.
4. Zum Schluss die noch heißen Vanillekipferl mit dem restlichen Puderzucker reichlich bestäuben.

Vanillekipferl

Anisplätzchen

Für etwa 40 Stück
Zubereitungszeit: ca. 1 Std.
Ruhezeit: ca. 12 Std.
Backzeit: ca. 10 Minuten
ca. 50 kcal · ca. 0,5 g Fett · 9 %

2 Eier
250 g Zucker
1 Msp. Salz
1 P. Vanillezucker
250 g Mehl
1 TL gemahlener Anis
1 TL gemahlener Sternanis
1 EL Speisestärke

1. Die Eier mit Zucker, Salz und Vanillezucker im Wasserbad cremig rühren. Danach in Eiswasser kalt rühren.
2. Das Mehl sieben, mit Anis, Sternanis und Speisestärke mischen und unter die Creme heben.
3. Ein Backblech mit Backtrennpapier auslegen.
Mit 2 Löffeln oder mit Hilfe einer Spritztülle kleine Häufchen auf das Blech setzen, dabei reichlich Abstand lassen. Einige Stunden oder über Nacht ruhen lassen, bis die Oberfläche angetrocknet ist.
4. Die Plätzchen auf der mittleren Schiene im vorgeheizten Ofen bei 175 °C etwa 10 Minuten backen, vorsichtig vom Blech lösen und auf einem Gitter abkühlen lassen.

Geleeplätzchen

Für etwa 30 Stück
Zubereitungszeit: ca. 1 Std.
Kühlzeit: ca. 30 Minuten
Backzeit: ca. 20 Minuten
ca. 90 kcal · ca. 3 g Fett · 30%

250 g Mehl
2 TL Backpulver
125 g Zucker
1 Msp. Salz
1 P. Citroback
1 Ei
100 g Margarine
100 g Johannisbeergelee
50 g Puderzucker

1. Das Mehl mit dem Backpulver in eine Rührschüssel sieben. Zucker, Salz, Citroback, Ei und Margarine hinzufügen. Mit dem Knethaken des Handrührgerätes gut durcharbeiten. Dann mit der Hand zu einem glatten Teig verkneten. Den Teig für 30 Minuten kalt stellen.
2. Den Teig dünn auf der bemehlten Arbeitsfläche ausrollen. Mit einer runden Form von ca. 8 cm Ø Plätzchen ausstechen. Die Hälfte der Plätzchen werden zu Deckeln. Aus diesen Plätzchen mit einer kleinen runden Form je 3 Löcher ausstanzen.
3. Alle Plätzchen auf ein mit Backtrennpapier ausgelegtes Backblech setzen und im vorgeheizten Ofen auf der mittleren Schiene etwa 10 Minuten backen.
4. Die ungelochten Plätzchen mit Gelee bestreichen, die anderen als Deckel daraufsetzen. Zum Schluss mit Puderzucker bestäuben.

Pfefferkuchen mit Dattelfüllung

Für etwa 30 Stück
Zubereitungszeit: ca. 1 1/4 Std.
Ruhezeit: über Nacht
Backzeit: ca. 15 Minuten
ca. 100 kcal · ca. 3 g Fett · 27%

70 g Butter
125 g Honig
70 g Puderzucker
1 TL Pfefferkuchengewürz
2 kleine Eier
1 EL Kakaopulver
250 g Mehl
1 TL Backpulver
200 g frische Datteln
125 g Ingwerkonfitüre
35 g gehackte Mandeln
50 g Puderzucker

1. Butter, Honig und Puderzucker erwärmen und gleichmäßig verrühren. Das Pfefferkuchengewürz, ein Ei und den Kakao mit einem Schneebesen unterziehen.
2. Mehl und Backpulver darüber sieben, alles mit dem Knethaken des Handrührgerätes zu einem glatten Teig verarbeiten. Über Nacht bei Zimmertemperatur ruhen lassen.
3. Die Datteln schälen, entkernen und fein würfeln. Die Ingwerkonfitüre mit den Datteln etwa 5 Minuten sanft köcheln lassen, die Mandeln hinzufügen.
4. Den Teig halbieren und jeweils zwischen 2 Bögen Backpapier etwa 4 mm dünn ausrollen. Mit einem gewellten, runden Ausstechförmchen von ca. 6 cm Ø dicht an dicht Plätzchen ausstechen. Das restliche Ei verquirlen und die Teigkreise dünn damit bestreichen.
5. Auf je eine Kreishälfte ein Häufchen der Füllung setzen und die andere Hälfte darüber schlagen. Die Ränder andrücken. Zügig arbeiten, damit der Teig nicht zu weich wird. Die Halbmonde auf ein mit Backpapier ausgelegtes Backblech setzen.
6. Die Plätzchen im Backofen auf der zweiten Einschubleiste von unten bei 180 °C etwa 15 Minuten backen. Auf einem Kuchengitter auskühlen lassen.
7. Aus Puderzucker und 2 Esslöffeln heißem Wasser eine Glasur anrühren und die Plätzchen damit bestreichen.

Springerle (links) und Geleeplätzchen (rechts)

Springerle

Für etwa 40 Stück
Zubereitungszeit: ca. 1 Std.
Ruhezeit: ca. 1 Std.
Trockenzeit: über Nacht
Backzeit: ca. 30 Minuten
ca. 45 kcal · ca. 0,5 g Fett · 10 %

2 Eier
200 g Puderzucker
2 P. Vanillezucker
250 g Mehl
1 Msp. Backpulver

Außerdem:
Anissamen zum Bestreuen

1. Die Eier auf höchster Stufe schaumig schlagen. Den Puderzucker nach und nach dazusieben. Den Vanillezucker unterrühren.
2. Das Mehl mit dem Backpulver sieben. Die Hälfte davon unterrühren, das restliche Mehl unterkneten.
3. Den Teig etwa 1 Stunde ruhen lassen und dann etwa 1 cm dick auf einer bemehlten Arbeitsfläche ausrollen. Die Springerleform (Model) fest auf den Teig drücken. Die Form abnehmen und die Figuren mit einem Messer auseinander schneiden.
4. Die Springerle auf ein mit Anissamen bestreutes Backblech setzen und über Nacht in einem warmen Raum trocknen lassen.
5. Den Backofen auf 130 °C vorheizen. Die Springerle etwa 30 Minuten backen. Die Oberseite sollte möglichst hell bleiben.

Eisblumen

Für etwa 50 Stück
Zubereitungszeit: ca. 40 Minuten
Kühlzeit: ca. 1 Std.
Backzeit: ca. 15 Minuten
ca. 35 kcal · ca. 1 g Fett · 26 %

125 g Mehl
1/2 TL Backpulver
1 P. Citroback
1 Vanilleschote
100 g Speisestärke
75 g Puderzucker
40 g Butter
1 Ei
2 EL Schmand
1 Eigelb
2 EL Kondensmilch (4 % Fett)
3 EL Hagelzucker

1. Das Mehl mit dem Backpulver in eine Schüssel sieben, Citroback, ausgekratztes Vanillemark, Speisestärke und Puderzucker dazugeben.
2. Die Butter in kleinen Flöckchen daraufsetzen. Alles zusammen mit dem Ei und dem Schmand schnell zu einem Teig verkneten. Mindestens 1 Stunde kalt stellen.
3. Das Eigelb und die Kondensmilch verrühren und beiseite stellen. Den Mürbeteig auf einer bemehlten Arbeitsfläche etwa 3 mm dünn ausrollen. Mit einer Blumenform Plätzchen ausstechen.
4. Die Plätzchen auf ein mit Backpapier ausgelegtes Backblech setzen. Mit dem Eigelbguss bestreichen und mit Hagelzucker bestreuen. Im vorgeheizten Backofen bei 200 °C etwa 15 Minuten backen.
(auf dem Foto: rechts)

Terrassen-Plätzchen

Für etwa 30 Stück
Zubereitungszeit: ca. 45 Minuten
Kühlzeit: ca. 1 Std.
Backzeit: ca. 10 Minuten
ca. 100 kcal · ca. 3 g Fett · 27 %

125 g Magerquark
3 EL Walnussöl
1 Ei
100 g Zucker
1 EL Vanillezucker
1 P. Orangeback
200 g Mehl
60 g Speisestärke
1 TL Backpulver
50 g gemahlene Mandeln
50 g gemahlene Pistazien
150 g Himbeerkonfitüre
50 g Puderzucker

1. Den abgetropften Quark mit Öl, Ei, Zucker, Vanillezucker und Orangeback verrühren. Mehl, Stärke, Backpulver, Mandeln und Pistazien dazugeben und alles miteinander verkneten. Eine Stunde kalt stellen.
2. Den Teig auf einer bemehlten Arbeitsfläche noch einmal durchkneten und etwa 3 mm dünn ausrollen. Plätzchen in drei verschiedenen Größen von 3 cm, 2 cm und 1 cm Ø ausstechen. Auf ein mit Backtrennpapier ausgelegtes Backblech legen und im vorgeheizten Backofen bei 175 °C etwa 10 Minuten goldgelb backen. Abkühlen lassen.
3. Die Konfitüre glatt rühren, die großen und die mittleren Plätzchen damit bestreichen, dabei einen Rand frei lassen, und alle Plätzchen zu Terrassen zusammensetzen. Konfitüre antrocknen lassen und mit Puderzucker bestäuben.
(auf dem Foto: links)

Orangenzungen

Für etwa 50 Stück
Zubereitungszeit: ca. 30 Minuten
Ruhezeit: ca. 3 Std.
Backzeit: ca. 15 Minuten
ca. 50 kcal · ca. 1 g Fett · 18 %

4 Eier
2 Eigelb
300 g Zucker
1 P. Vanillezucker
1 P. Citroback
1 P. Orangeback
75 g Orangeat
200 g Mehl

1. Die Eier, die Eigelbe, den Zucker und den Vanillezucker cremig rühren. Citro- und Orangeback dazugeben. Orangeat sehr fein würfeln und mit dem Mehl unterrühren.
2. Ein Backblech mit Trennpapier auslegen. Den Teig in einen Spritzbeutel füllen und längliche Zungen auf das Blech spritzen.
3. Die Plätzchen 3 Stunden ruhen lassen. Dann bei 180 °C etwa 15 Minuten backen.

Ingwerherzen

Für etwa 40 Stück
Zubereitungszeit: ca. 50 Minuten
Kühlzeit: ca. 1 Std.
Backzeit: ca. 10 Minuten
ca. 75 kcal · ca. 2 g Fett · 24 %

60 g Butter
1 Ei
125 g brauner Zucker
100 g Honig
50 g kandierter Ingwer
50 g Zitronat
50 g Orangeat
1 Pr. Salz
1 Pr. geriebene Muskatnuss
1/2 TL gemahlener Ingwer
1/2 TL gemahlener Zimt
1/2 TL gemahlene Nelken
50 g gemahlene Haselnüsse
250 g Mehl
1 P. Backpulver

Für den Guss:
100 g Puderzucker
2 EL schwarzer Johannisbeersaft

1. Die Butter leicht erwärmen, in eine Schüssel geben und mit Eiern und Zucker gut verrühren.
2. Den Honig erwärmen, zusammen mit dem gewürfelten Ingwer, dem Zitronat und dem Orangeat, dem Salz und den Gewürzen zu der Eimasse geben und alles miteinander verrühren.
3. Die gemahlenen Haselnüsse, das Mehl und das Backpulver vermengen und mit der Honigmasse gut verkneten. Für mindestens 1 Stunde kühl stellen.
4. Den Teig auf einer bemehlten Arbeitsfläche 1/2 cm dick ausrollen und Herzen ausstechen. Die Plätzchen auf ein mit Trennpapier ausgelegtes Backblech legen und im vorgeheizten Ofen bei 180 °C etwa 10 Minuten backen.
5. Den Puderzucker mit dem Johannisbeersaft zu einem glatten Guss verrühren. Die noch heißen Herzen damit bestreichen.

Schwarz-Weiß-Gebäck

Schwarz-Weiß-Gebäck

Für etwa 45 Stück
Zubereitungszeit: ca. 45 Minuten
Kühlzeit: ca. 30 Minuten
Backzeit: ca. 15 Minuten
ca. 50 kcal · ca. 2,5 g Fett · 28%

250 g Mehl
1 TL Backpulver
170 g Zucker
1 P. Vanillezucker
2 EL Rum
1 Ei
1 Eiweiß
100 g Rama Balance
1 EL Kakao
1 EL Milch

1. Das Mehl mit dem Backpulver in eine Schüssel sieben. In die Mitte eine Vertiefung drücken. 150 g Zucker, Vanillezucker, den Rum und das Ei in die Vertiefung geben.

2. Die kalte Rama in Flöckchen auf das Mehl geben. Alles mit dem Knethaken des Handrührgerätes zu einem glatten Teig verarbeiten und 30 Minuten kalt stellen.

3. Den Kakao mit dem restlichen Zucker und der Milch verrühren. Unter die Hälfte des Teiges kneten. Den dunklen Teig zu einer Rolle formen, den hellen Teig ausrollen und um die dunkle Teigrolle legen. Die Rolle in etwa 4 mm dicke Scheiben schneiden.

4. Die Plätzchen auf ein mit Backtrennpapier ausgelegtes Blech setzen. Auf der mittleren Schiene bei 200 °C etwa 15 Minuten backen.

Punschecken

Für etwa 40 Stück
Zubereitungszeit: ca. 45 Minuten
Backzeit: ca. 25 Minuten
ca. 110 kcal · ca. 3,5 g Fett · 29%

1/2 unbehandelte Zitrone
1/2 unbehandelte Orange
50 ml Rotwein
50 ml starker schwarzer Tee
2 EL Rum
2 Gewürznelken
1/2 Stange Zimt
250 g Zucker
200 g Rama Balance
1 EL gemahlene Vanille
3 Eier
300 g Mehl
3 EL Kakaopulver
2 TL Backpulver
200 g Puderzucker

1. Zitronen- und Orangenschale abreiben, den Saft auspressen. Mit Wein, Tee, Rum, Nelken, Zimt und 50 g Zucker erhitzen.
2. Aus der Rama Balance, der Vanille, dem restlichen Zucker, den Eiern, dem Mehl, dem Kakaopulver, dem Backpulver und 1/8 l des geseihten Punsches einen Teig rühren.
3. Den Teig auf ein mit Backtrennpapier ausgelegtes Backblech streichen und auf der mittleren Schiene des auf 200 °C vorgeheizten Backofens etwa 25 Minuten backen.
4. Den Puderzucker mit etwa 4 Esslöffeln Punsch verrühren. Den Kuchen damit glasieren und, sobald die Glasur fest ist, in Dreiecke schneiden.
(auf dem Foto: oben)

Stangerl

Für etwa 55 Stück
Zubereitungszeit: ca. 30 Minuten
Ruhezeit: ca. 2 Std.
Backzeit: ca. 10 Minuten
ca. 25 kcal · ca. 0,5 g Fett · 18%

140 g Zucker
2 P. Vanillezucker
1 Pr. Salz
4 Eigelb
1 Ei
120 g Speisestärke
1 P. Vanille-Puddingpulver

1. Den Zucker, den Vanillezucker, das Salz, die Eigelbe und das Ei cremig rühren. Die Speisestärke und das Puddingpulver dazugeben. Alles zu einem glatten Teig verrühren und 2 Stunden ruhen lassen.
2. Den Teig in einen Spritzbeutel mit kleiner Lochtülle füllen. Auf ein mit Backtrennpapier ausgelegtes Backblech etwa 5 cm lange Teigstreifen spritzen.
3. Im vorgeheizten Backofen bei 175 °C auf der zweiten Einschubleiste von unten etwa 10 Minuten backen. Die Stangerl mit dem Papier vom Blech ziehen und abkühlen lassen.
(auf dem Foto: unten)

TIPP
Wer mag, kann die Stangerl mit einem Guss aus 50 g Vollmilchkuvertüre verzieren.
Ist immer noch LOW FETT 30.

Aprikosen-häufchen

Für etwa 40 Stück
Zubereitungszeit: ca. 35 Minuten
Backzeit: ca. 15 Minuten
ca. 50 kcal · ca. 1,5 g Fett · 27%

140 g getrocknete Aprikosen
4 EL Apricot Brandy
2 EL Öl
30 g Butter
100 g Zucker
1 P. Vanillezucker
1 Ei
140 g Mehl
1/2 TL Natron
1 Pr. Salz
1/2 TL gemahlener Zimt
2 geh. EL Weizenkeime
50 g Aprikosenkonfitüre

1. Die Aprikosen in etwa 1/2 cm große Würfel schneiden und in dem Brandy einweichen. Das Öl, die weiche Butter, den Zucker, den Vanillezucker und das Ei schaumig rühren.
2. Das Mehl, das Natron, das Salz, den Zimt und die Weizenkeime vermischen und unter die Buttermasse rühren. Die Konfitüre und 2/3 der Aprikosenwürfel unterrühren.
3. Ein Backblech mit Backtrennpapier auslegen, Backofen auf 175 °C vorheizen. Mit 2 Teelöffeln kleine Häufchen auf das Backblech setzen, dabei Abstand halten.
4. Die Häufchen mit den übrigen Aprikosenwürfeln bestreuen und etwa 15 Minuten goldbraun backen.

Kokoszwieback-Makronen

Für etwa 40 Stück
Zubereitungszeit: ca. 20 Minuten
Ruhezeit: ca. 30 Minuten
Backzeit: ca. 20 Minuten
ca. 40 kcal · ca. 0,5 g Fett · 11%

4 Eiweiß
1 Pr. Salz
1 TL Citroback
200 g Zucker
200 g gemahlener Kokoszwieback (z.B. von Brandt)

1. Die Eiweiße zusammen mit Salz und Citroback sehr steif schlagen. Danach weiterrühren und den Zucker langsam einrieseln lassen. Den gemahlenen Kokoszwieback unterheben und die Masse etwa 30 Minuten ruhen lassen.
2. Den Backofen auf 175 °C vorheizen. Ein Backblech mit Backtrennpapier auslegen. Mit 2 Teelöffeln kleine Häufchen daraufsetzen.
3. Die Makronen etwa 20 Minuten auf der mittleren Schiene backen. Dann auf einem Kuchengitter abkühlen lassen.

TIPP
Wer mag kann die Masse auch auf Oblaten setzen.

Haferflockenmakronen

Haferflocken-makronen

Für etwa 50 Stück
Zubereitungszeit: ca. 20 Minuten
Backzeit: ca. 20 Minuten
ca. 50 kcal · ca. 1,5 g Fett · 27%

250 g brauner Zucker
50 g Butter
2 Eier
1 P. Vanillezucker
250 g Haferflocken
1 EL Kakao

1. Den Zucker zusammen mit der Butter, den Eiern und dem Vanillezucker in einer Rührschüssel schaumig schlagen. Die Haferflocken mit dem Kakao mischen, dazugeben und unterrühren.
2. Den Backofen auf 175 °C vorheizen. Ein Backblech mit Backtrennpapier auslegen, mit 2 Teelöffeln kleine Häufchen der Haferflockenmasse daraufsetzen und diese auf der mittleren Schiene etwa 20 Minuten backen.
3. Die Makronen auf einem Kuchengitter abkühlen lassen und in einem Folienbeutel aufbewahren.

Zimtschäumle

Für etwa 45 Stück
Zubereitungszeit: ca. 15 Minuten
Backzeit: ca. 2 1/2 Std.
ca. 6 kcal · 0 g Fett · 0 %

2 Eiweiß
60 g Zucker
1 TL Citroback
1 TL gemahlener Zimt

1. Das Eiweiß leicht schlagen. Den Zucker langsam einrieseln lassen und weiterschlagen, bis das Eiweiß eine cremig-schnittfeste Konsistenz hat. Dann das Citroback und den Zimt unterrühren.
2. Die Masse in einen Spritzbeutel füllen und mit Abstand Häufchen auf ein mit Backtrennpapier ausgelegtes Backblech spritzen. Im vorgeheizten Backofen bei 100 °C etwa 2 1/2 Stunden trocknen lassen.

TIPP
Der Spritzbeutel muss kalt sein, damit sich die Eiweiß-Zucker-Masse beim Aufspritzen nicht trennt.

Schneeflöckchen

Für etwa 40 Stück
Zubereitungszeit: ca. 30 Minuten
Backzeit: ca. 2 1/2 Std.
ca. 16 kcal · 0 g Fett · 0 %

3 Eiweiß
150 g feiner Zucker
1 P. Citroback

1. Das Eiweiß sehr fest schlagen. Den Zucker langsam einrieseln lassen und weiterschlagen, bis der Schnee fest und glänzend ist.
2. Den Backofen auf 100 °C vorheizen. Den Eischnee in einen Spritzbeutel mit Lochtülle geben und auf ein mit Backtrennpapier ausgelegtes Blech kleine Flöckchen spritzen.
3. Das Blech sofort auf die mittlere Schiene des Ofens schieben und etwa 2 1/2 Stunden trocknen lassen.

TIPP
Die Schneeflöckchen können mit 1 bis 2 Tropfen Lebensmittelfarbe gefärbt werden. Dafür die Farbe gut mit dem Eischnee verrühren.

Amarettinimakronen

Für etwa 40 Stück
Zubereitungszeit: ca. 25 Minuten
Backzeit: ca. 10 Minuten
ca. 15 kcal · ca. 0,2 g Fett · 12 %

150 g Amarettini
3 Eiweiß
Salz
40 Backoblaten (5 cm Ø)

1. Die Amarettini mahlen, oder mit dem Mörser fein zerbröseln.
2. Die Eiweiße mit einer Prise Salz steif schlagen. Die Brösel mit dem Eiweiß mischen.
3. Die Backoblaten auf ein mit Backtrennpapier ausgelegtes Backblech setzen und mit 2 Teelöffeln kleine Häufchen von der Eiweißmasse auf die Oblaten setzen.
4. Im vorgeheizten Backofen bei 160 °C auf der mittleren Schiene etwa 10 Minuten backen.

Anisbaiser

Anisbaiser

Für etwa 50 Stück
Zubereitungszeit: ca. 25 Minuten
Backzeit: ca. 1 1/2 Std.
ca. 17 kcal · 0 g Fett · 0 %

4 Eiweiß
200 g feinster Zucker
2 P. Citroback
2 TL gemahlener Anis

1. Das Eiweiß steif schlagen. Danach weiterrühren und den Zucker nach und nach einrieseln lassen. Citroback und Anis vorsichtig unterheben.

2. Den Backofen auf 110 °C vorheizen. Die Baisermasse in einen Spritzbeutel mit Sterntülle füllen und auf ein mit Backtrennpapier ausgelegtes Backblech kleine Tupfen spritzen.

3. Etwa 1 1/4 Stunden auf der mittleren Schiene backen. Auf einem Kuchengitter auskühlen lassen.

Früchtebrot

Für etwa 20 Stück
Zubereitungszeit: ca. 1 1/2 Std.
Gehzeit: ca. 1 1/4 Std.
Backzeit: ca. 1 1/4 Std.
ca. 240 kcal · ca. 7 g Fett · 26 %

60 ml Milch (1,5 % Fett)
1 Würfel frische Hefe
100 g Zucker
125 g getrocknete Birnen
125 g getrocknete Aprikosen
50 g getrocknete Pflaumen
50 g Belegkirschen
100 g Orangeat
75 g Walnusskerne
100 g Butter
500 g Mehl
1 Pr. Salz
1 P. Orangeback
1 TL Lebkuchengewürz
100 g Rosinen
1 Eigelb
2 EL Milch

1. Die Milch erwärmen und die Hefe mit 1/2 TL Zucker darin auflösen. 15 Minuten an einem warmen Ort stehen lassen.
2. Die Birnen, die Aprikosen, die Pflaumen und die Belegkirschen in kleine Stücke schneiden. Orangeat fein würfeln, Walnusskerne hacken.
3. Die Butter zerlassen und abkühlen lassen. Das Mehl in eine Rührschüssel sieben. Den restlichen Zucker, eine Prise Salz, die zerlassene Butter, das Orangeback, das Lebkuchengewürz und den Hefeansatz dazugeben und mit den Knethaken des Handrührgerätes auf höchster Stufe 5 Minuten durchkneten.
4. Die Früchte, die Nüsse, die Rosinen und das Orangeat darunter mengen. Den Teig zudecken und an einem warmen Ort 30 Minuten gehen lassen.
5. Den Teig auf der bemehlten Arbeitsfläche zu einem Brot formen und auf ein mit Backpapier ausgelegtes Blech setzen. Nochmals zugedeckt 30 Minuten gehen lassen.
6. Den Backofen auf 180 °C vorheizen. Das Eigelb mit der Milch verrühren und das Früchtebrot damit einstreichen. Das Brot auf der zweiten Schiene von unten etwa 1 1/4 Stunden backen.
(auf dem Foto)

Italienischer Quarkkuchen

Für 12 Stück
Zubereitungszeit: ca. 30 Minuten
Backzeit: ca. 30 Minuten
ca. 145 kcal · ca. 2,5 g Fett · 16%

50 g Sultaninen
100 g gemischte kandierte Früchte
500 g Magerquark
100 g Zucker
1 P. Citroback
4 Eier
60 g Mehl
1 TL Butter
1 EL Paniermehl

1. Die Sultaninen waschen und in Wasser einweichen. Die kandierten Früchte in kleine Würfel schneiden.
2. Den Quark sorgfältig mit Zucker und Citroback verrühren. Die Eier trennen. Die 4 Eigelbe nacheinander einrühren.
3. Die Sultaninen abtropfen lassen, das Mehl und das Backpulver mischen und zu der Quarkcreme rühren. Die Früchtewürfel und die Sultaninen ebenfalls unterrühren. Die Hälfte des Eiweiß zu steifem Schnee schlagen und unter die Masse ziehen.
4. Den Boden einer Springform von 26 cm Ø mit Backtrennpapier bespannen, den Rand mit der Butter einreiben und mit Paniermehl bestreuen. Die Quarkmasse einfüllen.
5. Im vorgeheizten Backofen bei 160 °C etwa 30 Minuten backen lassen. Den Kuchen in der Form abkühlen lassen, vorher den Rand mit einem Messer lösen.

Hutzelbrot

Für etwa 15 Stück
Zubereitungszeit: ca. 1 3/4 Std.
Einweichzeit: über Nacht
Gehzeit: ca. 45 Minuten
Backzeit: ca. 35 Minuten
ca. 200 kcal · ca. 4 g Fett · 18%

100 g getrocknete Birnen
80 g getrocknete, entsteinte Pflaumen
10 g Hefe
10 g Zucker
430 g Mehl
80 g Haselnüsse
100 g getrocknete Feigen
80 g Rosinen
1 EL Kirschwasser
10 g Zitronat
1/2 TL gemahlener Zimt
1/2 TL gemahlene Nelken
1/2 TL gemahlener Fenchel
1/2 TL gemahlener Anis
1 TL Stärkemehl
10 Mandelhälften

1. Die Birnen in einen kleinen Topf geben, mit Wasser bedecken und etwa 15 Minuten kochen lassen, dann zusammen mit dem Kochwasser über die Pflaumen gießen und über Nacht einweichen lassen.
2. Das Einweichwasser abgießen und auffangen. Die Hefe mit etwas Zucker und etwas Einweichwasser verrühren. An einem warmen Ort etwa 15 Minuten gehen lassen, bis die Hefe beginnt leicht Blasen zu schlagen. Das Mehl, den restlichen Zucker, etwas Einweichwasser und die Hefe gut verkneten.
3. Die Nüsse, die Feigen, die gewaschenen Rosinen, die eingeweichten Birnen und die Pflaumen sowie das Kirschwasser, das gewürfelte Zitronat und die Gewürze dazugeben und unter den Teig kneten.
4. Einen Laib aus dem Teig formen und auf ein mit Backtrennpapier ausgelegtes Blech legen. Mit einem Stofftuch bedecken und an einem warmen Ort etwa 30 Minuten gehen lassen. Im vorgeheizten Backofen bei 200 °C auf der mittleren Schiene etwa 35 Minuten backen.
5. Das restliche Einweichwasser mit dem Stärkemehl verrühren, kurz aufkochen lassen. Das heiße Hutzelbrot mit der Masse bestreichen und zum Schluss mit den Mandelhälften garnieren.

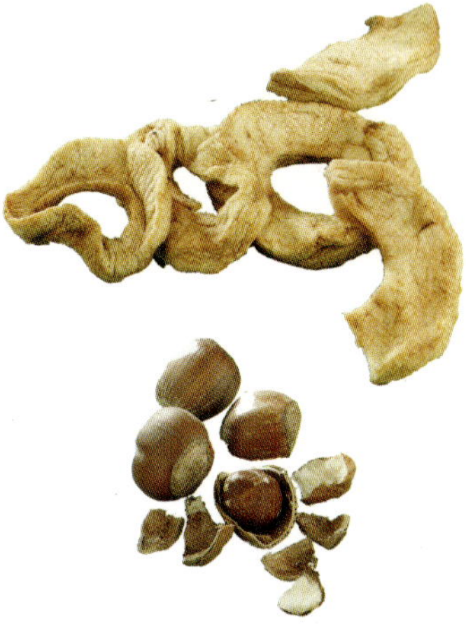

Hutzelbrot

Backpflaumen-kuchen

Für etwa 12 Stück
Zubereitungszeit: ca. 20 Minuten
Backzeit: ca. 1 Std.
ca. 225 kcal · ca. 4 g Fett · 16 %

250 g Mehl
200 g Zucker
4 Eier
750 ml Milch (1,5 % Fett)
1 EL Rum
12 weiche Trockenpflaumen
50 g kernlose, kleine Trauben
1 EL Butter

1. Das Mehl und den Zucker in eine Schüssel geben, nach und nach die Eier dazugeben und alles gut verrühren. Die Milch und den Rum unterrühren.
2. Die Backpflaumen in kleine Stücke schneiden und zusammen mit den Trauben unter den Teig heben.
3. Den Boden einer Springform von 26 cm Ø mit Backtrennpapier bespannen, den Rand mit Butter einreiben.
4. Die Teigmasse einfüllen und den Kuchen im vorgeheizten Backofen auf der mittleren Schiene bei 160 °C backen.

Weihnachtsstollen

Für etwa 40 Stück
Zubereitungszeit: ca. 1 Std.
Gehzeit: ca. 1 1/4 Std.
Backzeit: ca. 1 Std.
ca. 120 kcal · ca. 3,5 g Fett · 26 %

550 g Mehl
40 g Hefe
75 g Zucker
1/8 l Milch (1,5 % Fett)
200 g Rama Balance
1 Prise Salz
1 TL gemahlener Kardamom
1 TL gemahlener Zimt
1 P. Orangeback
50 g gewürfeltes Zitronat
50 g gewürfeltes Orangeat
50 g Magerquark
250 g Rumrosinen
20 g Puderzucker
3 P. Vanillezucker
20 g Butter

1. Das Mehl in eine Schüssel sieben, in die Mitte eine Mulde drücken und die Hefe hineinbröckeln. Einen Esslöffel Zucker dazugeben.
2. Die Milch erwärmen, in die Mulde gießen und rühren, bis sich die Hefe und der Zucker auflösen. Mit einem Viertel des Mehls zu einem Vorteig verrühren. Den Vorteig zugedeckt an einem warmen Ort etwa 15 Minuten gehen lassen.
3. Die Margarine zerlassen und etwas abkühlen lassen. Zucker, Salz, Gewürze, Orangeback, Zitronat, Orangeat und das restliche Mehl in den Vorteig einkneten. Den Quark unter die zerlassene Margarine rühren und ebenfalls in die Masse einkneten. Nochmals 30 Minuten gehen lassen.
4. Dann die Rumrosinen unterkneten. Den Teig auf einer bemehlten Arbeitsfläche glatt kneten und zu zwei gleich großen Rollen von etwa 3 cm Ø formen.
5. Die Rollen mit dem Nudelholz in der Mitte etwas dünner ausrollen. Die beiden Teighälften aufeinanderlegen und zusammendrücken.
6. Den Stollen auf ein mit Backtrennpapier ausgelegtes Backblech legen und nochmals 30 Minuten gehen lassen. Den Backofen auf 250 °C vorheizen. Den Stollen auf die zweite Einschubleiste von unten schieben. Die Backhitze auf 170 °C reduzieren und etwa 1 Stunde backen.
7. Den Puderzucker sieben und mit dem Vanillezucker vermischen. Die Butter zerlassen. Den Stollen noch warm mit der Butter bestreichen und in der Zuckermischung wälzen.

Pink-Grapefruit-Torte

Für etwa 16 Stück
Zubereitungszeit: ca. 45 Minuten
Backzeit: ca. 35 Minuten
Kühlzeit: ca. 3 Std.
Gelierzeit: ca. 1 Std.
ca. 190 kcal · ca. 3,5 g Fett · 17 %

Für den Biskuitteig:
3 Eier
175 g Zucker
1 P. Vanillezucker
175 g Mehl
1 TL Backpulver

Für den Belag:
6 Blatt weiße Gelatine
750 g Speisequark (20 % Fett)
2 rosa Grapefruit
100 g Pink-Grapefruit-Marmelade
100 g Zucker, 2 Eiweiß
1 P. heller Tortenguss

1. Den Backofen auf 175 °C vorheizen. Für den Teig die Eier trennen. Die Eigelbe mit 3 EL Wasser, dem Zucker und dem Vanillezucker schaumig schlagen. Die Eiweiße steif schlagen und auf die Eigelbmasse geben. Das Mehl und das Backpulver darüber sieben und vorsichtig unterheben.
2. Eine Springform von 26 cm Ø mit Trennpapier auslegen und die Teigmasse einfüllen. Auf der mittleren Schiene etwa 35 Minuten backen. Den Boden auskühlen lassen.

Weihnachtsstollen

3. Für den Belag die Gelatine nach Anweisung in Wasser einweichen. Den Quark, den Saft einer Grapefruit, die Marmelade und den Zucker sorgfältig verrühren. Die Gelatine auflösen und unter die Quarkmasse rühren.

4. Die Eiweiße steif schlagen und vorsichtig unter die Masse heben. Den Biskuitboden mit einem Tortenring umspannen und die Quarkmasse einfüllen, glatt streichen und etwa 3 Stunden in den Kühlschrank stellen.

5. Wenn die Torte nach etwa 1 Stunde zu gelieren beginnt, die zweite Grapefruit sorgfältig schälen und filetieren. Die Oberfläche der Torte mit den Grapefruitfilets verzieren und schließlich mit Tortenguss überziehen.

Mandelbaisertorte

Für etwa 16 Stück
Zubereitungszeit: ca. 45 Minuten
Kühlzeit: ca. 30 Minuten
Backzeit: ca. 1 Std.
ca. 260 kcal · ca. 7,5 g Fett · 26 %

Für den Teig:
220 g Mehl
2 TL Backpulver
80 g Zucker
100 g Margarine
1 Ei
1 Pr. Salz

Für den Belag:
3 Eier
750 g Magerquark
225 g Zucker
1 1/2 P. Mandelpudding
1 Pr. Salz
500 ml Milch (1,5 % Fett)
75 g Zucker
einige Tropfen Zitronensaft

Außerdem:
4 EL Aprikosenmarmelade
1 Limette

1. Für den Teig das Mehl mit dem Backpulver und dem Zucker mischen, die Margarine, das Ei und das Salz dazugeben und alles zu einem glatten Teig verarbeiten. Den Teig 30 Minuten kalt stellen.
2. Den Boden einer Springform von 26 cm Ø mit Trennpapier bespannen, den Rand mit etwas Margarine einreiben. Den Backofen auf 180 °C vorheizen.
3. Für den Belag die Eier trennen. Den Quark, 150 g Zucker, das Puddingpulver, die Eigelbe, das Salz und die Milch sorgfältig verrühren.
4. Den Teig rund ausrollen. Die Springform damit auslegen und den Rand etwas hochdrücken. Den Teigboden mehrmals mit einer Gabel einstechen. Die Quarkmasse auf den Teig geben und glatt streichen. Auf der mittleren Schiene etwa 40 Minuten backen.
5. Die Eiweiße mit dem restlichen Zucker und dem Zitronensaft steif schlagen. Den Kuchen aus dem Ofen nehmen und den Eischnee darauf verteilen. Weitere 20 Minuten backen.
6. Den Kuchen abkühlen lassen, die Aprikosenmarmelade erwärmen und den Teigrand damit bestreichen. Die Limette heiß abwaschen und in dünne Scheiben schneiden. Die Scheiben halbieren und an den Tortenrand setzen.
(auf dem Foto)

TIPP
Den Kuchen aus dem Ofen nehmen und unter einer Kuchenhaube abkühlen lassen. So bilden sich schöne Karamelltröpfchen auf der Oberfläche.

Bratäpfel mit Dominosteinen

Für 4 Personen
Zubereitungszeit: ca. 20 Minuten
Backzeit: ca. 40 Minuten
ca. 240 kcal · ca. 6,5 g Fett · 24%

4 große Boskoop Äpfel
12 Dominosteine

1. Das Kerngehäuse der Äpfel mit einem Ausstecher entfernen. Die Öffnungen vergrößern und 3 Dominosteine in jeden Apfel drücken.
2. Die Äpfel in eine feuerfeste Form setzen, die Form in ein Wasserbad stellen. Auf der zweiten Einschubleiste von unten bei 160 °C ca. 40 Minuten garen.
(auf dem Foto: oben)

TIPP
Dazu passt warme Vanillesauce!

Flambierte Bratäpfel

Für 4 Personen
Zubereitungszeit: ca. 20 Minuten
Backzeit: ca. 40 Minuten
ca. 120 kcal · ca. 0,8 g Fett · 6%

4 große Cox-Orange Äpfel
100 g Aprikosenkonfitüre
4 EL Calvados

1. Die Kerngehäuse der Äpfel ausstechen und in jede Öffnung Aprikosenkonfitüre geben. Die Äpfel in eine feuerfeste Form setzen und im Backofen bei 160 °C auf der zweiten Einschubleiste von unten garen.
2. Die Bratäpfel aus dem Backofen nehmen. Anschließend jeden Apfel mit 1 Esslöffel Calvados übergießen und flambieren. Noch brennend servieren.
(auf dem Foto: Mitte)

Bratäpfel mit Trockenfrüchten

Für 4 Personen
Zubereitungszeit: ca. 20 Minuten
Backzeit: ca. 40 Minuten
ca. 180 kcal · 0 g Fett · 0%

50 g getrocknete, weiche Früchte (z.B. Aprikosen und Pflaumen)
50 g Rumrosinen
4 große Boskoop Äpfel

1. Die Trockenfrüchte in kleine Stücke schneiden und mit den Rumrosinen vermischen.
2. Die Kerngehäuse der Äpfel mit einem Ausstecher entfernen. Die Öffnungen vergrößern.
3. Die Trockenobstmischung in die Öffnungen füllen, die Äpfel in eine feuerfeste Form stellen, den Boden mit etwas Wasser bedecken. Auf der zweiten Einschubleiste von unten bei 160 °C etwa 40 Minuten garen.
(auf dem Foto: unten)

TIPP
Dazu passt Karamellsauce!

Tee-Apfel-Punsch

Für 6 Gläser
Zubereitungszeit: ca. 15 Minuten
Zeit zum Ziehen: ca. 35 Minuten
ca. 90 kcal · 0 g Fett · 0%

5 ungeschwefelte getrocknete Apfelringe
1/2 unbehandelte Zitrone
2 Gewürznelken
500 ml Apfelsaft
40 g weißer Kandiszucker
500 ml Wasser
10 TL Assamtee
200 ml Maracujasaft

1. Die Apfelringe in Stücke schneiden. Die Zitrone heiß waschen, gut abtrocknen und die Schale zu einer langen dünnen Spirale abschneiden. Zusammen mit den Apfelstücken und den Nelken in den Apfelsaft geben und etwa 30 Minuten ziehen lassen.
2. Den Kandiszucker hinzufügen und alles vorsichtig erhitzen, aber nicht kochen lassen. Den Assamtee mit heißem Wasser übergießen und 2 bis 3 Minuten ziehen lassen. Den Tee durch ein Sieb seihen und mit dem Maracujasaft in die Apfelsaftmischung geben. Nochmals einige Minuten ziehen lassen. Heiß servieren.

Grapefruit-Orangen-Punsch

Für 10 Gläser
Zubereitungszeit: 20 Minuten
Zeit zum Ziehen: ca. 30 Minuten
ca. 120 kcal - 0 g Fett - 0%

3 Orangen
3 Grapefruits
1 Zitrone
1 Flasche Weißwein (750 ml)
2 Gewürznelken
100 g Zucker
1 Zimtstange
100 ml weißer Rum

1. Die Früchte auspressen und den Fruchtsaft zusammen mit allen anderen Zutaten, außer Rum, etwa 30 Minuten ziehen lassen.
2. Den Punsch erhitzen, aber nicht kochen lassen. Die Nelken und die Zimtstange entfernen, den Rum dazugießen. Den Punsch umrühren und in Gläser füllen.

Heißer Kirschtraum

Für 6 Gläser
Zubereitungszeit: ca. 20 Minuten
Marinierzeit: ca. 3 Std.
Zeit zum Ziehen: ca. 10 Minuten
ca. 60 kcal · 0 g Fett · 0%

150 g Sauerkirschen aus dem Glas
3 EL weißer Rum
1 St. frische Ingwerwurzel
800 ml Wasser
4 Beutel Früchtetee
1 Zimtstange
3 TL Sternanis
1 TL Gewürznelken
40 g Kandiszucker

1. Die Sauerkirschen abtropfen lassen und in dem Rum gut 3 Stunden marinieren. Die Ingwerwurzel schälen und in feine Stifte schneiden.
2. Den Früchtetee, die Zimtstange, den Sternanis und die Gewürznelken mit heißem Wasser überbrühen. Alles 10 Minuten ziehen lassen.
3. Die marinierten Kirschen zusammen mit dem Kandiszucker erwärmen und auf 6 Gläser verteilen. Den Tee darüber seihen.

Feuerzangenbowle

Feuerzangenbowle

Für 14 Gläser
Zubereitungszeit: ca. 30 Minuten
ca. 170 kcal · 0 g Fett · 0 %

Saft von 2 Orangen
Saft von 1 Zitrone
1 1/4 l Rotwein
1 Zimtstange
6 Gewürznelken
1 Zuckerhut
350 ml brauner Rum (54 Vol.-%)

1. Die ausgepressten Säfte zusammen mit dem Rotwein und den Gewürzen in einem großen Topf erhitzen, aber nicht kochen lassen. Dann die Mischung in einen Feuerzangenbowlentopf umgießen. Den Zuckerhut in der Feuerzange auf das Bowlengefäß legen.
2. Den Zuckerhut mit etwas Rum tränken und anzünden. Mit einer Schöpfkelle nach und nach weiteren Rum über den Zuckerhut gießen, bis dieser vollständig geschmolzen ist. Die Bowle umrühren und heiß servieren.

Baby-Pute mit Kartoffelpüree und Rotkraut

Für 4 Personen
Zubereitungszeit: ca. 1 1/4 Std.
Bratzeit: ca. 2 Std.
ca. 1200 kcal · ca. 40 g · Fett - 30%

4 säuerliche Äpfel
2 TL abgeriebene Zitronenschale
125 g Sultaninen
50 g Semmelbrösel
1 Baby-Pute (2,5 kg)
Salz
Pfeffer
1 Bd. Suppengrün
800 g Kartoffeln
1 Packung TK-Rotkraut (500 g)
2 EL Apfelmus (Fertigprodukt)
1 Pr. Zimt
1/4 l Milch
Muskatnuss
2 TL Speisestärke
50 g Schmand
1 TL scharfer Senf
1 TL Tomatenmark

Außerdem:
Bratfolie (groß)

1. Die Äpfel schälen, achteln, entkernen und mit der Zitronenschale, den gewaschenen Sultaninen und den Semmelbröseln vermengen.
2. Die Pute gründlich waschen und abtrocknen. Mit Salz und Pfeffer einreiben, mit der Apfelmischung füllen, dann die Öffnung mit Zahnstochern schließen.
3. Das Suppengrün klein schneiden und in die Folie legen.
4. Die Haut der Pute mit einer Rouladennadel rundherum einstechen.
5. Die Pute auf das Suppengrün betten, die Folie vorschriftsmäßig verschließen und einstechen.
6. Auf den kalten Bratrost setzen und auf der untersten Schiene des auf 190 °C vorgeheizten Backofens etwa 2 Stunden braten.
7. Etwa 50 Minuten vor Ende der Bratzeit das Kartoffelpüree zubereiten. Zunächst die Kartoffeln waschen, schälen und in Salzwasser etwa 20 Minuten weich kochen.
8. In der Zwischenzeit das Rotkraut nach Packungsanweisung zubereiten. Abschließend mit Apfelmus und Zimt verfeinern.
9. Das Kochwasser abschütten und die Salzkartoffeln abdampfen lassen. Noch heiß durch eine Kartoffelpresse drücken.
10. Mit dem Schneebesen die heiße Milch kurz und kräftig mit der Kartoffelmasse verrühren. Mit Salz und frisch geriebener Muskatnuss würzen.
11. Die Pute aus der Folie nehmen und im ausgeschalteten Ofen warm halten. Die Bratflüssigkeit aus der geöffneten Folie in einen kleinen Topf gießen, entfetten und etwas einkochen lassen. Mit Speisestärke und Schmand binden. Dann mit Senf und Tomatenmark abschmecken.
12. Die Pute mit der Sauce, dem Kartoffelpüree und dem Rotkraut servieren.

Kraftvolle Brühe

Für 4 Personen
Zubereitungszeit: ca. 15 Minuten
ca. 110 kcal · ca. 2 g Fett · 16%

100 g eifreie Suppennudeln (weihnachtliche Figuren)
800 ml Rinderfond (Glas)
2 EL Sherry
2 EL gehackte Petersilie

1. Die Nudeln im Rinderfond etwa 10 Minuten kochen. Mit Sherry abschmecken. Auf 4 Teller verteilen und mit gehackter Petersilie bestreuen.

Baby-Pute mit Kartoffelpüree und Rotkraut

Birnen-Trauben-Grapefruit-Kompott

Für 4 Personen
Zubereitungszeit: 30 Minuten
ca. 200 kcal · ca. 0,8 g Fett · 3,5%

60 g Zucker
1/4 l trockener Weißwein
4 reife Birnen
2 rosa Grapefruit
100 g grüne Trauben

1. Den Zucker in einem breiten Topf bei mittlerer Hitze flüssig werden lassen. Sobald die Zuckerränder anfangen braun zu werden, den Wein dazugießen und die Hitze reduzieren. Weiter rühren und im offenen Topf etwa 5 Minuten köcheln lassen, bis sich der Zucker vollständig aufgelöst hat.

2. Die Birnen schälen und vierteln, die Kerngehäuse herausschneiden. Jedes Birnenviertel in 3 Spalten schneiden und im Zuckersud 3 bis 4 Minuten garen. Dann die Birnenspalten mit einer Schaumkelle aus dem Sud heben und abkühlen lassen. Den Sud etwa 5 Minuten sirupartig einkochen, dann abkühlen lassen und zugedeckt kalt stellen.

3. Die Grapefruits schälen und filetieren, den Saft auffangen. Die Trauben halbieren. Die Grapefruitfilets, den Saft sowie die Traubenhälften und die Birnenspalten vorsichtig miteinander vermischen und kalt stellen. Vor dem Servieren das Kompott mit Sirup süßen.

Braten von zweierlei Filet

Für 4 Personen
Zubereitungszeit: ca. 45 Minuten
Bratzeit: ca. 30 Minuten
ca. 480 kcal · ca. 12 g Fett · 23 %

300 g Rinderfilet
Salz
Pfeffer
1 Rosmarinzweig
2 TL Butterschmalz
300 g Truthahnbrustfilet
50 g Lachsschinken
50 g Kalbsleberwurst (21 % Fett)
2 Zwiebeln
1 Möhre
100 g Champignons
100 ml Gemüsebrühe (Instant)
100 ml Weißwein
1 Packung TK-Brokkoli (400 g)
400 g frische Gnocchi
1 EL Olivenöl

1. Das Rinderfilet kalt abspülen, trockentupfen, salzen und pfeffern. In einem Bratentopf 1 Teelöffel Butterschmalz erhitzen, die Rosmarinnadeln dazugeben und das Filet darin von allen Seiten anbraten. Abkühlen lassen.
2. Die Truthahnbrust abspülen, trockentupfen, der Länge nach tief einschneiden und aufklappen. Etwas flach drücken, salzen und pfeffern.
3. Den Lachsschinken auf dem Arbeitsbrett zu einem Rechteck auslegen und mit der Kalbsleberwurst bestreichen. Das Rinderfilet darauflegen und einwickeln. Das Päckchen auf das Truthahnfilet setzen, aufrollen und mit Rouladengarn umwickeln.
4. Die Zwiebeln, die Möhre sowie die Champignons putzen und klein schneiden. Die Fleischrolle mit dem restlichen Butterschmalz im Bratentopf von allen Seiten anbraten, dann herausnehmen. Das Gemüse in dem Topf anrösten. Mit der Brühe ablöschen, den Braten wieder dazugeben.
5. Im vorgeheizten Backofen bei 250 °C etwa 30 Minuten braten. Alle 10 Minuten mit Wein begießen.
6. Den Brokkoli und die Gnocchi nach Packungsanweisung zubereiten. Den fertigen Braten aus dem Bräter nehmen. Den Bratenfond mit Olivenöl pürieren, bis eine sämige Sauce entsteht. Den Braten aufschneiden und mit den Gnocchi und dem Brokkoli servieren.

Rote-Bete-Suppe

Für 4 Personen
Zubereitungszeit: ca. 20 Minuten
ca. 60 kcal · ca. 2 g Fett · 30 %

400 g gekochte Rote Bete
1 große Zwiebel
1 TL Öl
3/4 l Geflügelbrühe (Glas)
Salz
Pfeffer
Muskat

1. Die Rote Bete pürieren. Die Zwiebel schälen und fein hacken. Das Öl in einem Topf erhitzen, die Zwiebelwürfel darin andünsten. Die Brühe und die Rote Bete dazugeben und alles kurz aufkochen.
2. Die Rote-Bete-Suppe mit Salz, Pfeffer und Muskat abschmecken. In Suppentassen servieren.

Braten von zweierlei Filet

Exotisches Mus mit Schneeklößchen

Für 4 Personen
Zubereitungszeit: ca. 45 Minuten
ca. 260 kcal · ca. 0,5 g Fett · 2%

1 Ananas
300 ml Orangensaft
3 EL Limettensaft
1 TL abgeriebene Limettenschale
80 g Puderzucker
1 P. Vanillesaucenpulver
2 EL Kokoslikör
8 Kapstachelbeeren
2 Kiwis
1 Eiweiß
Salz

1. Die Ananas schälen, den Strunk entfernen und das Fruchtfleisch in feine Stücke schneiden. Zusammen mit dem Orangen- und dem Limettensaft, der Limettenschale und 30 g Zucker aufkochen, etwa 10 Minuten köcheln lassen, anschließend pürieren.
2. Das Saucenpulver und den Likör zum Püree geben und nochmals aufkochen. In eine Schüssel füllen und abkühlen lassen.
3. Die Kapstachelbeeren aus den Hülsen lösen, waschen und halbieren, die Kiwis schälen und in Scheiben schneiden. Beides zum Mus geben.
4. Das Eiweiß mit einer Prise Salz steif schlagen, den restlichen Zucker einrieseln lassen.
5. In einem breiten Topf reichlich Wasser und eine Prise Salz aufkochen. Aus der Eischneemasse mit 2 Esslöffeln 6 Nocken abstechen und in das Wasser setzen. Zugedeckt bei milder Hitze etwa 10 Minuten gar ziehen lassen.
6. Inzwischen das Mus auf Tellern anrichten, die Schneeklößchen mit einer Schaumkelle aus dem Wasser heben und auf das Mus setzen.

Seeteufel im Kräuterbett

Für 4 Personen
Zubereitungszeit: ca. 1 Std.
ca. 420 kcal · ca. 8 g Fett · 17 %

Für den Fisch:
150 g Kabeljaufilet
6 EL gehackte Petersilie
100 ml Kaffesahne (10 % Fett)
2 Eiweiß
2 EL trockener Sherry
1 TL Gemüsebrühe (Instant)
400 g Seeteufel
200 g Reis
Salz

Für die Sauce:
200 g Rote Bete
½ l Gemüsebrühe (Instant)
4 EL Sahne
1 EL Saucenbinder

1. Das Kabeljaufilet mit 4 Esslöffeln Petersilie, der Kaffeesahne, 1 Eiweiß, 1 Esslöffel Sherry und der Gemüsebrühwürze mit dem Pürierstab pürieren.
2. Den Seeteufel auf Pergamentpapier legen und mit der Fischmasse bestreichen. Das Pergamentpapier zusammen mit dem Seeteufel aufrollen und die Seiten mit etwas Bindfaden fest verschließen.
3. Wasser in einen Dampftopf füllen, das Paket auf ein Sieb legen und 30 Minuten dämpfen.
4. Den Reis nach Packungsanweisung zubereiten.
5. Für die Sauce die Rote Bete mit der Gemüsebrühe, der Sahne und dem Sherry in einem Mixer pürieren. Die Masse in einen Topf geben, aufkochen und mit Saucenbinder binden.

Eisbergsalat mit Orangenfilets

Für 4 Personen
Zubereitungszeit: 30 Minuten
ca. 85 kcal · ca. 0,5 g Fett · 5 %

1 kleiner Eisbergsalat
2 Orangen
1 kleine Zwiebel
150 g Joghurt (1,5 % Fett)
Pfeffer aus der Mühle
Salz
1 TL Zucker
Curry

1. Den Eisbergsalat in mundgerechte Stücke zupfen. Die Orangen schälen, die weiße Haut mit abschälen und die Filets auslösen. Den Saft auffangen.
2. Die Zwiebel sehr fein hacken, mit Joghurt, Orangensaft, viel Pfeffer, Salz, Zucker und Curry würzen. 10 Minuten ziehen lassen.
3. Den Salat mit dem Dressing mischen, zusammen mit den Orangenfilets auf Tellern anrichten und mit Baguette servieren.

Seeteufel im Kräuterbett

Sternenteller

Für 4 Portionen
Zubereitungszeit: ca. 20 Minuten
ca. 260 kcal · ca. 4 g Fett · 14 %

300 g Quark (20 % Fett)
50 g Honig
1 Eiweiß
1 Karambole (Sternfrucht)
1 TL Kakaopulver
1 Glas Rote Grütze (500 g)

Außerdem:
Papiersterne als Schablone

1. Den Quark und den Honig gut miteinander verrühren. Das Eiweiß steif schlagen und unter die Quarkmasse heben.
2. Die Sternfrucht in Scheiben schneiden. Mit dem Kakaopulver unter Zuhilfenahme von Schablonen Sterne auf die Tellerränder streuen.
3. Die Quarkmasse auf die Mitte der Dessertteller verteilen, die Rote Grütze rundherum setzen, mit Sternfruchtscheiben garnieren.

Safranrisotto

Für 4 Personen
Zubereitungszeit: ca. 1 Std.
ca. 470 kcal · ca. 12,5 g Fett · 24 %

1 Zwiebel
1 EL Olivenöl
300 g Risottoreis
1/4 TL Safranfäden
1,1 l Gemüsebrühe (Instant)
1 kg kleine Möhren
2 EL Butter
Salz
Pfeffer aus der Mühle
Zucker
2 EL Balsamessig
1/2 Bund Koriander
30 g geröstete Pinienkerne

1. Die Zwiebel in kleine Würfel schneiden. Das Öl in einem Topf erhitzen und die Zwiebelwürfel darin andünsten. Den Reis und die Safranfäden dazugeben, etwa 1 Minute mitdünsten, dann mit 500 ml der Brühe ablöschen. Bei geringer Hitze etwa 20 Minuten köcheln lassen. Gelegentlich umrühren und nach und nach nochmals 500 ml Brühe angießen.
2. Die Möhren putzen und längs halbieren. 1 Esslöffel Butter erhitzen und die Möhren darin andünsten. Mit Salz, Pfeffer und einer Prise Zucker würzen. Mit der restlichen Gemüsebrühe und dem Balsamessig ablöschen und etwa 1/4 Stunde dünsten.
3. Den Koriander klein hacken und unter das Gemüse heben. Den Risotto mit Salz und Pfeffer abschmecken. Die Pinienkerne in einer Pfanne ohne Fett kurz anrösten. Möhren und Risotto zusammen anrichten, die Pinienkerne darüber streuen.

Chinakohlröllchen

Für 4 Personen
Zubereitungszeit: 45 Minuten
Garzeit: ca. 20 Minuten
ca. 170 kcal · ca. 5 g Fett · 26 %

1 kleiner Chinakohl
100 g kleine Champignons
2 Brötchen vom Vortag
2 kleine rote Paprikaschoten
1 Ei
100 g Magerquark
40 g geraspelten Edamer (30 % F.i.Tr.)
4 EL gehackte Petersilie
Salz
Pfeffer
1 TL Öl
1/4 l Tomatensaft
100 ml Gemüsebrühe (Instant)

1. Die Blätter vom Chinakohl abtrennen und kurz blanchieren. Die Champignons putzen, in Scheiben schneiden. Die Brötchen grob hacken. Die Paprikaschoten halbieren, entkernen und bissfest garen.
2. Die Brötchen mit dem Ei, dem Quark, den Champignons, den Käseraspeln und der Petersilie gut vermengen, mit Salz und Pfeffer würzen.
3. Nun 2 bis 3 Chinakohlblätter übereinander legen, die Brötchenmasse daraufstreichen und zu einer Roulade aufrollen, die seitlichen Enden mit Zahnstochern zusammenstecken. Insgesamt vier Röllchen erstellen.
4. Den Backofen auf 180 °C vorheizen. Das Öl in einer Kasserolle erhitzen und die Rouladen darin anbraten. Mit dem Tomatensaft und der Gemüsebrühe ablöschen. Auf der mittleren Schiene des Ofens etwa 20 Minuten fertig garen. Mit Baguette servieren.

Safranrisotto

Quarknocken mit Aprikosenmark

Für 4 Personen
Zubereitungszeit: ca. 30 Minuten
Kühlzeit: ca. 1 Std.
ca. 310 kcal · ca. 6 g Fett · 17 %

1 Ei
60 g feine Speisestärke
500 ml Milch (1,5 % Fett)
1 Pr. Salz
50 g Zucker
1 Vanilleschote
250 g Magerquark
2 EL Zitronensaft
1 kleine Dose Aprikosen
2 EL gehackte Pistazien

1. Das Ei trennen. Das Eigelb und die Speisestärke in 6 bis 8 Esslöffel kalter Milch anrühren. Die restliche Milch, das Salz, den Zucker, das ausgekratzte Mark der Vanilleschote und die Schoten zum Kochen bringen. Die angerührte Stärke dazugießen und unter Rühren kurz aufkochen lassen. Die Schote herausnehmen.
2. Das Eiweiß steif schlagen, unter die Creme ziehen und nochmals kurz aufkochen. Den Quark und den Zitronensaft unterrühren. Die Quarkcreme in eine, mit kaltem Wasser ausgespülte, Schüssel füllen und etwa 1 Stunde kühl stellen.
3. Die Aprikosen in Spalten schneiden, einige zur Dekoration zurückbehalten. Die übrigen Spalten pürieren.
4. Von der Quarkmasse mit 2 Esslöffeln Nocken abstechen und auf Tellern anrichten. Die Pistazien darüber streuen. Mit dem Aprikosenmark und den Aprikosenspalten anrichten.

LOW FETT 30-Tabelle

Lebensmittel, Menge (essbarer Anteil)	Energie in kcal	Fett in g	Fett-kalorien in %
Brot und Brötchen (1 Scheibe oder 1 Stück)			
Baguette, 50 g	126	1	7
Mehrkornbrötchen, 60 g	140	1	6
Roggenbrötchen, 60 g	132	1	7
Weißmehlbrötchen, 50 g	136	1	7
Vollkornbrötchen, 50 g	134	1	7
Graubrot mit Sonnenblumenkernen, 50 g	118	2	15
Knäckebrot, mit Buttermilch, 10 g	36	0,2	5
Knäckebrot Knusperleicht, 6 g	23	0	0
Knäckebrot Mehrkorn, 10 g	37	0,2	5
Pumpernickel, 40 g	73	0,4	5
Roggenbrot, 45 g	84	0,5	5
Roggenvollkornbrot, 50 g	96	1	9
Toastbrot, 50 g	130	2	14
Brandt Brödli, 100 g	392	8	18
Brandt Zwieback, 100 g	394	6	13
Brandt Vollkorn-Zwieback, 100 g	359	6	15
Süße Backwaren (1 Packung oder 1 Stück)			
Aachener Printen, 20 g	90	4	40
Anisplätzchen, 10 g	45	0	0
Ankora Lebkuchenherzen, 150 g	593	17	26
Dominosteine, 12 g	55	2	33
Dresdner Stollen, 100 g	414	22	48
Honigkuchen, 70 g	235	3	12

Lebensmittel, Menge (essbarer Anteil)	**Energie in kcal**	**Fett in g**	**Fett-kalorien in %**
Liegnitzer Bombe, 60 g	230	8	31
Schwarz-Weiß-Gebäck, 10 g	45	2	40
Spekulatius, 10 g	45	2	40
Springerle, 10 g	35	0,5	13
Zimtsterne, 15 g	60	2	30
Müsli/Cerealien (1 Portion)			
Basis Müsli, 30 g	121	2	15
Cornflakes, 30 g	110	0	0
Nutri-Grain Schokomüsli, 30 g	112	3	24
Haferflocken, 30 g	106	2	17
Früchte Müsli, 30 g	102	2	18
Getreide und Getreideprodukte			
Buchweizen, 100 g	336	2	5
Glasnudeln, 100 g	160	1	5
Grünkern, 100 g	324	3	8
Weizenmehl Type 405, 100 g	332	1	3
Vollkornmehl Type 1700, 100 g	302	2	6
Nudeln mit Eianteil, 100 g	357	3	8
Nudeln, eifrei, 100 g	348	1	3
Vollkornnudeln, 100 g	323	2	6
Naturreis, ungeschält, 100 g	349	2	5
Reis, parboiled, 100 g	351	0,5	1
Fleisch			
Rinderfilet, 100 g	121	4	30
Roastbeef vom Rind, 100 g	130	4	28

Lebensmittel, Menge (essbarer Anteil)	Energie in kcal	Fett in g	Fett-kalorien in %
Rinderroulade, 100 g	121	4	30
Kalbsbraten, 100 g	107	3	25
Kalbsschnitzel (Keule), 100 g	102	2	18
Schweinefilet, 100 g	107	2	17
Hühnchenbrust ohne Haut, 100 g	102	1	9
Putenfilet und -schnitzel, 100 g	105	1	9
Wurst und Aufschnitt			
Corned beef, deutsch (Kons.), 100 g	126	3	21
Lachsschinken ohne Fettrand, 100 g	107	2	17
Westfälischer Saftschinken Herta, 100 g	110	3	25
Eier			
Ei, Gewichtsklasse M, 60 g	93	7	68
Eiweiß von einem Ei, 35 g	17	0	0
Fisch und Krustentiere			
Barsch, 100 g	81	1	11
Forelle, 100 g	103	3	26
Garnele (Krabbenfleisch), 100 g	87	1	10
Heilbutt (weißer), 100 g	96	2	19
Kabeljau (Dorsch), 100 g	77	1	17
Seeteufel, 100 g	66	1	14
Steinbutt, 100 g	82	2	22
Thunfisch, 100 g	125	2	14
Tintenfisch, 100 g	73	1	12
Zander, 100 g	83	1	11
Thunfisch naturell (Dose), 150 g	167	1	5

Lebensmittel, Menge (essbarer Anteil)	Energie in kcal	Fett in g	Fett-kalorien in %
Milch und Milchprodukte (Glas oder Becher)			
Buttermilch, 200 ml	78	1	12
Kakaotrunk (1,5% F./fettarm), 200 ml	122	3	22
Milch (1,5% F./fettarm), 200 ml	98	3	28
Magermilch (0,3% F./entrahmt), 200 ml	72	0	0
Molke, 200 ml	54	1	17
Joghurt (1,5% F./fettarm), 150 g	76	2	24
Magerjoghurt (0,3% F./entrahmt), 150 g	47	0	0
Magerquark, 100 g	76	0	0
Harzer, 30 g	38	0	0
Obst und Gemüse haben wenig oder gar kein Fett.			
Ausnahme: Avocados und Oliven			
Sauerkonserven			
Kühne Feine Gürkchen, 100 g	43	0,2	4
Kühne Kräuterwürzige Zwiebeln, 100 g	30	0,3	9
Kühne Rote Beete Kugeln, 100 g	62	0,2	3
Kühne Senfgurken, 100 g	35	0,1	3
Kühne Silberzwiebeln, 100 g	34	0,3	8
TK-Gerichte (1 Portion)			
Tortellini Tre Colore, 250 g	470	15	29
Dr. Oetker Pizza Bolognese, 320 g	571	18	28
Dr. Oetker Pizza Champignon, 320 g	663	21	29
Fertiggerichte auf Nudel-/Reisbasis (1 Portion)			
Rizibizi Huhn/Zucchini/Reis, 150 g	621	15	22

Lebensmittel, Menge (essbarer Anteil)	Energie in kcal	Fett in g	Fett-kalorien in %
Rizibizi Schinken/Erbsen/Reis, 150 g	644	17	24
Miracoli Maccaroni mit Tomatensoße	590	14	21
Risotteria Brokkoli/Käse, 1 Packung	587	7	11
Beilagen aus Fertiggerichten (1 Portion)			
Kartoffelpüree mit Milch, 200 g	110	2	16
Kartoffelklöße Halb und Halb, 90 g	137	1	7
Semmelknödel, 90 g	119	1	8
Würz-/Feinkostsaucen (1 Essßlöffel)			
Tomatenketchup, 20 g	19	0	0
Frankfurter Grüne Sauce, 20 g	50	4	72
Zigeuner Sauce, 20 g	16	0	0
Chili Sauce, 20 g	30	2	60
Barbecue Sauce, 20 g	19	0	0
Mango Chutney, 20 g	47	0	0
Sojasauce, 15 g	18	0,8	40
Salsa, feurig scharf, 20 g	18	0	0
Sauce à la Béarnaise, 60 ml	125	11	79
Sauce à la Hollandaise, 60 ml	140	14	90
Fertigsuppen aus Tüten (1 Teller)			
Meisterklasse Tomatensuppe Gärtnerin Art	81	2	22
Riesenappetit Linsentopf mit Speck	193	3	14
Riesenappetit Spätzletopf mit Fleischklößchen	94	2	19
2-Teller Chinesische Wan Tan Suppe	110	3	25
4-Teller Suppen Hühnersuppe	60	1	15

Lebensmittel, Menge (essbarer Anteil)	Energie in kcal	Fett in g	Fett-kalorien in %
Süßigkeiten			
Corny Riegel fruchtig herb, 25 g	104	3	26
„Super"-Schaumküsse mini, 1 Stück	37	1	24
Haribo Lakritz Konfekt, 100 g	354	3	8
Haribo Goldbären, 100 g	340	0	0
Haribo Saure Pommes, 100 g	340	0	0
Haribo Happy Cola, 100 g	340	0	0
Haribo Konfekt, 100 g	354	3	8
Haribo Schnecken, 100 g	294	0	0
Haribo Color Rado, 100 g	342	2	5
Nimm 2, 1 Stück	25	0	0
Werther's Echte, 1 Stück	23	0	0
After Eight, 1 Stück	45	1	20
Milchschokolade gefüllt mit Joghurt, 100 g	351	7	18
Trauben-Nuss-Schokolade, 100 g	436	13	27

Rezeptverzeichnis

Register

Im FALKEN Verlag sind mehrere Titel zum Thema „Low Fat 30“ erschienen.
Sie erhalten sie überall dort, wo es Bücher gibt.

Sie finden uns im Internet: **www. falken.de**

Dieses Buch wurde auf chlorfrei gebleichtem
und säurefreiem Papier gedruckt.

Der Text dieses Buches entspricht den Regeln
der neuen deutschen Rechtschreibung.

ISBN 3 8068 2508 4

Umschlagestaltung: Peter Udo Pinzer
Gestaltung: Horst Bachmann
Titelbild: Klaus Arras, Köln
Fotos: Klaus Arras, Köln: S. 65; **TLC-Foto-Studio GmbH**, Velen-Ramsdorf: S. 2, 18/19, 35, 43, 47, 55, 59, 61, 67, 69, 71
FALKEN Archiv, Niedernhausen: Anschlag & Goldmann: 26, 31, 48, 54, 55, 60; W. Feiler: S. 24, 68, 70; U. Kopp: S. 11, 69 (unten); R. Krieg: S. 4 oben, 17; Photo-Illustrated LTD: S. 4 unten, 5, 6, 10, 79; TLC: S. 27, 29, 30, 34, 42, 44, 46, 63, 78; Renson: S. 49; B. Wegner: S. 21, 23, 25, 33, 37, 39, 41, 45, 51, 53, 57; M. Zorn: S. 1.
Lektorat: Sabine Lemb
Redaktion: Elly Lämmlen
Herstellung: Hermann Schneider

Satz: Alois Winter Werbung & Herstellung, Wiesbaden
Druck: Appl, Wemding

817 2635 4453 6271